LOCUS

LOCUS

LOCUS

LOCUS

Smile, please

smile 24　**顛覆投資策略**
作者：司馬相
責任編輯：郭壹聲
美術編輯：何萍萍
法律顧問：全理法律事務所董安丹律師
發行人：廖立文
出版者：大塊文化出版股份有限公司
台北市117羅斯福路六段142巷20弄2-3號
讀者服務專線：080-006689
TEL：(02) 29357190　FAX：(02) 29356037
郵撥帳號：18955675　戶名：大塊文化出版股份有限公司
e-mail:locus@locus.com.tw

行政院新聞局局版北市業字第706號

總經銷：北城圖書有限公司
地址：台北縣三重市大智路139號
TEL：(02) 29818089 (代表號)　FAX：(02) 29883028　29813049
排版：天翼電腦排版有限公司
製版：源耕印刷事業有限公司
初版一刷：1998年12月
初版2刷：1999年 2 月
定價：新台幣250元

Printed in Taiwan

顛覆投資策略

給股市個體戶的跨世紀諍言

司馬相◎著

自序

司馬相

一九八九年十一月我出版第一本著作《股市心法》，一九九一年《趨勢操作》，一九九三年出版《六度空間》。這三本書主要都是以技術分析為主。

一九九六年七月當我由加拿大回來之後，除了趨勢線理論，大部分「技術分析」已完全拋棄不再使用，從此深入基本面的研究。由此中我發現一個精髓：如果一家公司基本面營收不再成長，獲利呈現逐步衰退，或者在產業趨勢已經趨向沒落，這家公司將沒有技術面可言，它的長期股價週線，甚至月線圖，將祇是一條水平線，上下波動範圍不會超過一〇%。

反之，基本面出現轉機或者營收不斷成長、獲利不斷呈現高成長的公司，其股價趨勢才有所謂的波浪走勢，也才有所謂的技術分析。

坊間大部分投資理財的書籍都是以技術分析來探討股價趨勢，而忽略了基本分析的重要性，這是倒果為因。

「顛覆投資策略」，「顛覆」二字的解釋就是革命，推翻過去的意思，也就是推翻過去的理財投資策略。

一九九七年六月上旬起，我在《非凡商業週刊》開闢「司馬相專欄」，就嚴重看壞台灣傳統產業。在東南亞金融風暴後，我更進一步指出會對台灣的塑膠、化纖、鋼鐵造成更大的衝擊。

一九九八年二月初，三商銀公開承銷後，曾造成一波短暫行情，有許多專業媒體認爲三商銀要開始走出主升段行情，甚至有一位分析師用聳動的字眼在某專業媒體指出彰銀上看五百元。我卻在週刊提出三商銀會破七十元。實際上，我已經看到五十元價位，祇是不願意提出來罷了。

平心而論，支持我對上述產業提出堅定果斷看法的，除了一九八二年至一九八四年的新聞記者經驗、一九八四年至一九八八年任職信託公司的經驗之外，最重要的是這二年多來，每天不間斷閱讀十多份報紙並做剪報，每週強迫看完一本新書，且不斷到證基會查閱資料、閱讀期刊，累積知識的成果。

這兩年我強迫自己每年三至四次到歐美先進國家旅遊，除了紓緩平時工作壓力，讓自己休息，也藉機觀察歐洲整體社會，並從中吸取靈感。

《顚覆投資策略》融合了我這二年多年辛勤投入的結晶。

處在二十一世紀即將來臨的今日，時代潮流變化的快速，讓我不禁覺得這是個混亂的時代。在混亂的時代，什麼是最好的投資策略？

「買最好的股票，做長期投資。」

當然，好股票的定義，絕對不再是過去那種拿穩定股息及股利的投資，而是選定該行業的佼佼者，不但每年營收及獲利都可維持穩定成長，而且公司負責人正派、具十足的誠信、專心於本業，及經營團隊能力強、研發設計能力領先同業。

要找到一支好股票並不容易，找到了更要緊抱不放。巴菲特致勝法寶，就是找到一支能讓他持有十年的股票。

或許，你不需像巴菲特那樣持有十年，祇要有心持有一至二年，獲利也應該相當可觀。

本書的出版，我要感謝「老哥」——任職台苯公司的曾副總俊明，及「老弟」——任職環球證券的彭文榮。感謝他們在我人生最低潮的一九九五年至九六年初，不斷的激勵我，讓我能再拿出初入社會時的奮鬥精神，勇敢迎接人生的挑戰。

我以追求世界級投資大師爲人生的目標，也希望能一展所長，提供國人正確的理財投資策略。

目錄

1

掌握國際金融劇變下產業的消長

景氣循環的產業，跟總體經濟的關係密不可分，

和人工成本也有莫大關聯。

當匯率劇貶，人工便宜、經濟落後的國家為賺取外匯，

往往不惜低價傾銷，或以內銷貼補外銷，

使得市場競爭更加激烈，對產業的復甦更加不利。

傳統工業如塑化及化纖，二十年來製程都沒有改變，建廠成本排除物價波動的因素後，都是一樣的，決定生產成本高低最主要的因素：一爲原料成本，一爲人工成本。

所以，我們稱傳統工業爲「景氣行業」，祇有在景氣大好時會因下游需求暢旺，造成原料供不應求，行情大漲。此時獲利就如同暴利，比賣嗎啡還好賺。如一九八八年SM及EG因石化業大好，加上國外生產工廠爆炸，形同火上加油，一發不可收拾，當年台苯靠本業就賺了二個資本額。

電子工業與傳統工業是完全不一樣的。電子產品每年至少都要來一次降價，但每年所推出的新產品功能卻愈來愈強，從利用功能及價格降低兩方面雙管齊下，讓每年市場不斷擴大，祇要有新的使用者，就可能會因功能愈來愈強而在未來變成換電腦產品的購買者。

所以，電子產品的每一個世代，由二八六而三八六而四八六而五八六，乃至於Pentium II，每一世代交替都創造出市場更大的需求，使市場充滿無限商機。

因此，電子產品注重的是人才，除了製造，更要有研發、設計、行銷等能力，與傳統工業是完全不一樣的。傳統工業祇要找到人，授以三至五個月工廠訓練，製造流程完全搞懂了，就可以派上用場。

一九九〇年以來，東南亞國家如印尼、馬來西亞因自己產油，大力發展塑化、化纖工業。他們的原料成本本來就比我們具有優勢，加上低價的勞工，薪資祇有我們三分之一，台灣怎麼會是其對手呢？

一九九〇年之前，台灣的塑化、化纖除了外銷到東南亞外，就是賣給對岸的台商及剛實行改革開放的中國大陸國營企業。每次大陸國營企業一出手購買，必然引起市場波動，行情也就馬上止跌回升。所以，一九九〇年之前台灣塑化及化纖產品銷售，有一半以上要靠對岸「關愛的眼神」照顧，即所謂的「轉口貿易」。

但是，中共走向市場導向經濟體制之後，名義上是計劃經濟，卻逐步倒向資本主義社會。資本主義講究「優勝劣敗，將本求利」。有錢賺哪會不自己賺，留給別人賺？所以，當大陸大力發展石化、化纖工業時，實際上，已經宣佈台灣的石化及化纖未來前景暗澹，毫無生機可言。

試想，連最大的客戶都已經不跟你買了，反過來自己生產的還想用更便宜的價格爭搶你原來的客戶！再加上東南亞產油國所設立的石化工廠開始運轉，大量生產，加入競爭，使得一九九五年初塑化及化纖走上另一個高峯之後，反轉下跌到一九九八年八月；這三年半來，中間過程祇有微弱的反彈，反彈之後又破底再創新低。

舉例來說，一九九四年塑化股大漲時，飆得最兇悍的有二支股票——台苯及聯成。聯成DOP當時飆漲到每噸二千美元以上，而原料2EH每噸則大漲到八百五十美元以上。但是，經由這幾年東南亞國家泰國、印尼、馬來西亞拚命發展石化工業，到一九九七年十月中旬，2EH每噸居然祇有一百二十五美元，祇有高峯期的十五%，下游DOP祇有不斷跟著往下降價，如此低迷的景氣怎麼可能好轉呢？

尤其，一九九八年初起中共將儀征化纖、上海石化、東北石化三家公司合併成一家，資本額高達一千一百億元人民幣，規模比台塑六輕還要大。台塑六輕正式開工量產後，是福或禍都尚未可知，但可以確定的是絕對沒有像各大投信法人估得那麼樂觀。法人有很多報告是好幾年前就做好的，經過時空遷移，當所有主客觀因素都改變後，就有必要再重新評估。

再來看看，一九九七年七月份起東南亞爆發金融危機，短短三個月，泰銖貶值五〇%，馬幣二七%，菲披索二八%，印尼盾約貶值四八%。而這些國家除了馬來西亞還稍好外，其他都屬於巨額外債國家。

東南亞經濟這幾年的繁榮，純粹是靠外資炒高房地產及股票市場，實際上對東南亞當地土著的生活改善並沒有帶來任何好處。外資炒高房地產出脫後，再放空滙率，更猶如在傷口上再撒下一把鹽。因此，東南亞金融風暴發生後，第一個崩盤的是當地房地產，金融機構則出現大批壞帳。

另一方面，港府爲維持聯繫滙率，堅守港幣，以致利率高漲。這幾年香港因九七回歸，炒翻天的香港不動產則因這次風暴，一口氣重挫四至五成。

所以，一個國際金融風暴發生後，會產生如此大的劇變，就必須先把來龍去脈搞清楚，研判出台灣那些產業會受傷害：

⑴首先，這些東南亞國家爲爭取外滙及避免倒帳，必然會放棄內銷市場，全力拓展外銷，以低價傾銷塑膠原料、化纖到國際市場。以台灣目前塑化、化纖的報價，根本毫無競爭力，未來一至二年景氣會每況愈下；而且由大部分塑膠、化纖技術面分析，有大部分個股已經跌破指數四五〇〇點價位，預先告知中長期後市的發展不妙。

⑵東南亞金融風暴後，房地產崩盤，接下來香港不動產也出現重挫四至五成，而日本自一九九〇年泡沫經濟消失後，東京地產已經先下挫四至五成，祇剩台灣房地產尚未大跌。

但是，當別人不是崩盤就是下挫四至五成，台灣房地產也沒有上漲條件，價位撐在高檔，猶如股票市場在做大頭部，等大頭做完後遇利空而下，下檔就會更深。一旦房地產出現重挫，必然會造成金融機構壞帳增加。

基於上述分析，現階段就必須儘快調整手中股票投資組合，把持有的塑化、化纖、營建、金融股票，利用反彈時儘速出清掉。

當然，新台幣也受到東南亞影響跟著貶值，由一九九七年七月一日二十七・八元兌一美元，三個月內貶值到三十一元兌一美元，貶幅約十%左右。貶幅仍然低於東南亞國家各幣值，故台灣傳統產業如塑膠、化纖、鋼鐵，在國際市場上更無法與東南亞國家競爭。

電子業的情況，則全然不同。東南亞國家因本身人民教育不普遍，知識有限，故沒有自己的電子工業。當地大部分電子業都是我國廠商前去設廠，如達電泰國廠、金寶泰國廠等。金寶電子一九九七年第四季至一九九八年第一季連續二季獲利暴增，主要是泰銖巨貶之後，大批訂單湧入，泰國廠獲利相當可觀，故股價由一九九七年十月底二十七元起漲到一九九八年三月一〇七元，淨漲幅達三倍。

當然，國內許多電子中游零組件與下游系統，本身與東南亞國家無任何生意往來關係，反而可以因新台幣急速回貶十％，在一九九七年第四季帶來可觀的滙兌收益。這些公司如宏電、仁寶、英業達、華碩、光寶、鴻海、達電，也是台灣股市在一九九七年第四季行情由七〇四〇率先彈升的主要功臣，並且主導大盤在一九九八年二月底再攻向九三〇〇的主流股。所以，一個東南亞金融風暴，並沒有損傷到台灣電子業，反而為電子中下游帶來一筆可觀的滙兌收益。

然而，東南亞金融風暴重挫了這幾年來因泡沫經濟興起的亞洲房地產市場，房價由高檔崩盤，直接腰斬。

台灣的房地產自一九九〇年以來即充斥著餘屋過剩的壓力，致房地產長期低迷不振。我提出下列看法：

⑴黃金自跌破每盎司三五〇美元大關卡後，持續不斷破底、創新低，顯示黃金已經不再被視為投資工具。下一個（二十一）世紀，房地產將步入黃金後塵，也不再被視為投資工具。

⑵全球新新人類具有一個共同特色，即注重個人享受、生活品味，更不可能在房價高漲時代，為了買一間難有增值空間的房子，去負擔高額貸款，為炒作高價房地產的財

團當二十年奴隸。

所以，新新人類寧可去租屋，也不願去購屋，應是台灣到一九九八年八月止空屋量近百萬戶的主要原因之一。

(3)台灣的營建股，普遍具有高負債、低自有資本比率的不良財務結構特色。而台灣房地產自一九八六年起漲到一九九〇年，房價平均漲幅約十倍，目前營建上市公司已經沒有低價庫存土地，故營業利益率不斷降低；以自有資本比率達七十五%最高的國建，營業利益率也僅有十五%，其餘大約祇有十至十二%，扣除利息負擔後，稅前純益大約祇有八%左右。

尤其，營建公司股本膨脹到三十億元以上，每年每股要賺取二元利潤是相當困難的。以國建爲例，一九九八年底股本近一百六十億元，一九九八年若每股要有二元獲利，要賺三十二億元；以國建營業利益率十五%來說，大約要有二百四十億元營收，要賣多少房子啊！自亞洲金融風暴後，國建一九九八年一至七月營收祇有二十一億元，其股價在營運無起色情況下，率先破二十元，創下十年來新低。

即使以台灣營建股中公認績效最好的冠德來說，營業利益率大約十二%，一九九七年營收三十七億，稅前純益五億七千五百萬元，每股稅前EPS二・一元；一九九八年增資後年底股本膨脹到三十四・二七億元，若要維持每股二元獲利，就要賺七億元，營收起碼要五十億元以上；而隨著股本每年不斷膨脹，就必須要有更多的營收來維持每股二元獲利，公司經營壓力會愈來愈沈重。

另一方面，台北市區可蓋建地愈來愈稀少，能創造高業績銷售案子的機會愈來愈少。

所以，我在《非凡商業週刊》執筆寫專欄，一九九七年八月十七日出刊當期，就大膽預言公元二〇〇〇年以後，台灣營建上市公司可能沒有一家每年每股有一元以上的獲利；屆時營建股的股價會遍地都是二十多元。事隔一年，一九九八年八月份，台灣營建公司已有十二檔股價跌破二十元。

一九九七年第三季起的亞洲金融風暴平息後，緊接著，原本在亞洲金融風暴中幣值維持平穩、祇有小幅貶值的日本，由一一〇日圓兌一美元貶值到一二五日圓，貶幅不到十五%，相對於亞洲其他國家貨幣的貶幅，表現相當出色。

然而，一九九八年四月初起日圓卻由一二五日圓兌一美元，逐步往上貶破一三五日圓兌一美元，即一九九一年三月波斯灣戰後所設下的天險，再急速竄升到近一四七日圓兌一美元。隨後在美、日聯手干預下，日圓再由近一四七日圓快速回檔到一三五日圓以下兌一美元。

一九九八年七月底日本首相橋本下台，由小淵惠三接任，日圓再次由一三五日圓往上挑戰一四七日圓關卡，而人民幣也在一九九八年八月八日失守八・二八元人民幣兌一美元的官訂價位。當日，上海外滙黑市市場中已經跌到五年來新低，達到一美元兌換九・二元人民幣的價位，比八・二八元人民幣的官方訂價足足貶值了將近九％的幅度。

這種國際金融市場劇變，不僅對新台幣帶來新一波貶值壓力，且對台灣產業必然有既深且遠的影響。有些產業會受更大的傷害，原本有利的產業則會受到波及，獲利會下降；然而，也有少數產業會因這次風暴反而擁有巨額獲利，實力更加雄厚。

股市的操作已經偏向國際化，在國際經濟瞬息萬變的情況下，任何國際金融劇變對產業的消長，將會是顯而易見。

投資人一定要具有國際化的眼光，要有細密地抽絲剝繭的分析能力，從中找出各產業的利弊，適時調整投資組合，才能在這混亂的時代中，獲取應有的利益，也才能在千變萬化的局勢中生存下來。

傳統的投資理財概念，在目前瞬息萬變的國際金融劇變中，不僅無法獲利，還會讓人蒙上鉅額的損失——那是「必死無疑」的操作。

日圓兌美元走勢日線

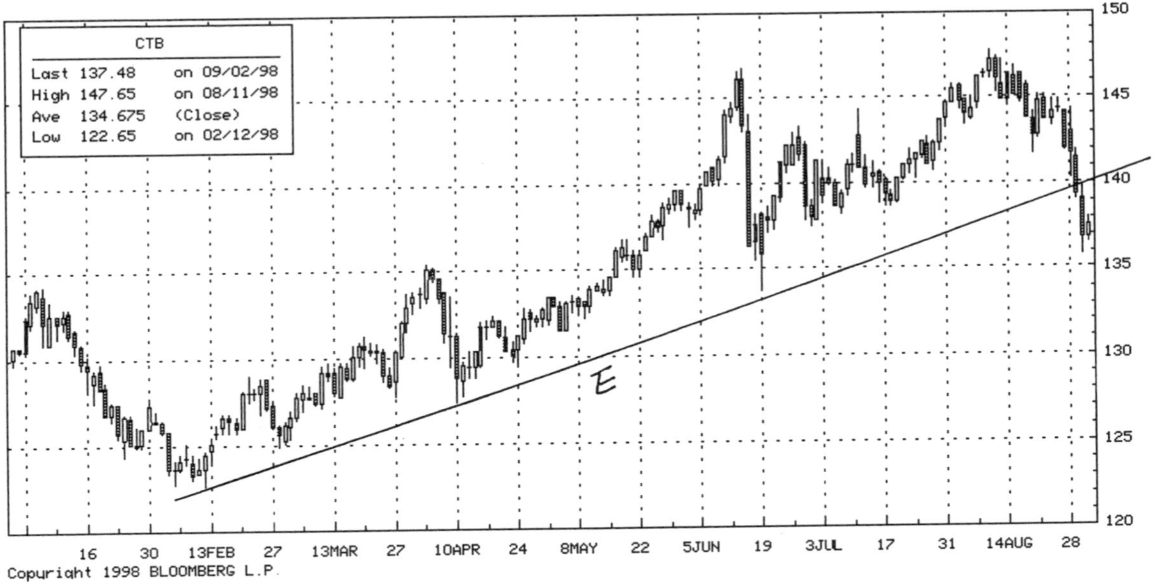
CTB
Last 137.48 on 09/02/98
High 147.65 on 08/11/98
Ave 134.675 (Close)
Low 122.65 on 02/12/98
E
150
145
140
135
130
125
120
16
30
13FEB
27
13MAR
27
10APR
24
8MAY
22
5JUN
19
3JUL
17
31
14AUG
28
Copyright 1998 BLOOMBERG L.P.

圖1-1

接下來，我們要來談日圓劇貶的原因、對日本的影響、對人民幣所造成的壓力，以及進而逼迫人民幣也跟著貶值時，台灣產業會起什麼樣變化。

日本會發生今天這麼大的問題，有下列幾點原因：

(1)一九九〇年泡沫經濟破滅後，房地產重挫，普遍都是腰斬，以致其國內消費低迷，無法用內需來帶動景氣，造成持續九年的經濟衰退。

(2)東南亞金融風暴後，日本金融機構被倒掉的國際金融貸款估計高達一千億日圓，最嚴重的是國內金融機構不良債權高達八十七兆日圓，相當於五千九百億美元；以日本一年貿易順差高達八百億美元來算，大約也要八年時間才能解決。這也是日圓劇貶到一四〇日圓之上兌一美元的重要原因——日本希望用外貿順差來穩住國內金融機構的不良債權。

(3)美國及西方國家認爲日本國民所得稅負太高，希望日本採取永久性減稅方案，讓民間持有流動現金增加，消費增加，帶動日本國內老百姓的信心。

日本現行所得稅計分爲所得稅與住民稅，前者最高五十％，後者十五％，合計六十五％，比美國最高所得稅率四十五％要高出甚多。因此，歐美國家一致期待日本能實施永久性減稅，大幅降低所得稅，則一年可降低所得稅高達四兆日圓，相當於二百九十億美元，以刺激消費，並提振經濟。

但是，日相橋本魄力不足，原本在一九九八年七月國會大選競選期間有永久性減稅措施的暗示，卻又深怕得罪既得利益階層，而急於撇淸。自民黨幹事長加藤紘一在競選場所表示，任何減稅規模會比媒體臆測來得小，減稅金額應不會超過二百億日圓，相當於十四億三千萬美元，讓選民大感失望，致使自民黨在大選間嚴重挫敗，橋本下台，改由小淵惠三接任。

小淵惠三瞭解自己非財經專才，遂請出曾爲日相的宮澤喜一來接掌大藏大臣。宮澤上台後於一九九八年八月三日宣佈六兆日圓減稅方案，其中住民所得稅由最高的六十五%降爲四十五%，計可減稅四兆日圓，企業所得稅則比照西方國家標準降低，計可減稅二兆日圓。

但是，宮澤也暗示容許日圓適度貶值，致日圓由一三五日圓兌一美元急速上升到一四七日圓兌一美元。待美、中兩大國發表嚴重聲明之後，宮澤才又表示不願日圓貶幅過大。

由上可知，日本玩的是兩面手法，其一用永久性減稅方案來討好國內人民，但稅收減少的部分，卻是利用日圓貶值來擴大對美國貿易順差，期望用日圓貶值來解決國內金融機構不良債權，也利用擴大出口讓政府的稅收來源增加，使永久性減稅方案能確實執行。

中國大陸一九九八年上半年經濟成長率七％，使得中共總理朱鎔基不得不承認原訂八％的年成長目標可能已經無法達成。經濟學家更估計，一九九八年七月起的長江洪災預料將使第三季經濟成長率減少〇・五％。

値得注意的是，中國大陸一九九八年上半年對美出口成長率仍較去年同期成長十八％，而一九九七年七月起的東南亞金融風暴，卻祇有人民幣堅守不貶值，在這種不利出口情況下，中國大陸出口到美國的產品居然還有十八％成長率，可見大陸出口產品，比貨幣已經巨幅貶值的東南亞各國還要具有競爭力。中國大陸老百姓勤奮工作、向錢看，賺錢動機之強烈，遠非東南亞的人民所能比擬。

這也是東南亞各國相當害怕人民幣貶值的原因。人民幣一旦貶值，不僅會造成新一輪的貨幣貶値競賽，中國產品也會有更強大的出口競爭力，將會取代東南亞產品成爲輸美市場的主力。

我相信人民幣一旦貶值，不會用慢性下跌的方法。這種方式對國際金融市場的傷害太大，而且會讓跌時看跌的悲觀氣氛充斥，反而會讓人民幣貶過頭。

我認爲中共會採用自主性的貶值手法，即某日早上醒來一切都已成定局。市場預期九・二元人民幣兌一美元，次日就兌現，讓大家預期的心理一次滿足。這種方式對國際金融市場的影響會是短暫而且迅速的，不利的因素也會迅速被排除掉。

人民幣一旦貶值，對台灣產業最大傷害在塑膠、化纖業。當大陸的台商進口成本增加，必然會減少向台灣採購。另一方面，在國際市場上，大陸的塑膠、化纖將更具有競爭力，台灣的業者則更非其對手，而兩岸轉口貿易量會進一步惡化。台灣一九九八年七月對港貿易出口值減少二十％，主要就是轉口貿易的大幅衰退。

此外，人民幣貶值代表進口成本會大幅提高，也會減低其內銷市場的需求。因此，一些以大陸內銷市場爲主力的公司，獲利將會呈現大幅衰退。如生產不斷電系統的飛瑞、自行車的巨大、自行車零組件的利奇，這些公司原本在大陸的投資皆以內需爲主，穫利會開始衰退。一些原本以內需爲主的食品，就更不用說了。

當然，人民幣貶值對以出口爲主的電子中概零組件股，如光寶、台達電、鴻海等甚爲有利。其人工成本必然會大幅降低，而出口競爭力大幅提高，加上人民幣貶值的優勢，外銷訂單必會源源不絕而來，其獲利將會呈現爆發性成長。尤其光寶東莞電源供應器三廠在一九九八年底完工，量產是一、二廠的總和；而台達電年底東莞新增三個廠，鴻海Barebone 產能進一步擴大，配合人民幣貶值優勢，這三家公司一九九九年獲利將呈相當高獲利大成長的局面，起碼會比今年再成長三成以上。所以這三支股票會是台灣股市不可缺少的投資組合。

當然還有一種行業是人民幣貶值的最大受惠者，即主要原料由大陸進口者。台灣這方面的上市公司並不多，有兩家須注意的是中鋼與永光。

中鋼的鐵砂、煤礦有很大一部分是由大陸東北進口，不過由於國內營建業不景氣，鋼鐵業也受牽累。當中鋼進口成本大幅降低時，是自己獨享或者轉嫁嘉惠下游，都必須去做研究的。

永光所生產的染料主要原料，二成國內供應，其餘八成由大陸進口。永光染料走的是高技術、高單價反應性染料，營業利益率高達十五%以上。人民幣一旦貶值十%，永光進口成本大幅降低，其營業利益大幅提升會是顯而易見的，獲利也會大幅增加。

除了上述一些業者們，人民幣貶值，整體上對台灣整體經濟傷害很大，會使我國出口進一步惡化，國內內需市場更加不振，房地產更低迷，財經官員壓力會更大。

但是，對於少數得天獨厚的電子中概股如光寶、台達電、鴻海，股價就可能會逆勢大漲；而永光享有進口原料成本大幅降低、獲利增加的優勢，股價也會有表現。

所以，處在國際金融瞬息萬變中，要先具有掌握國際金融劇變下產業消長的判斷力，才能隨時調整投資結合而從中獲取應有的利益。

同樣地，有朝一日如歐洲共同市場發生丕變，歐元劇貶或劇升，造成國際金融市場動盪時，也要能研判出對台灣哪些行業有利，哪些行業會受傷害，而適時調整手中的投資組合。

別忘了，台灣是海島型國家。台灣商人爲了生存，必然會在世界各地有競爭力的市場設廠，祇要有潛力的商機，台商就會去設廠。因此，任何足以影響國際金融市場的劇變，台灣產業都會受到影響，有人受傷，也有人受惠。

通常新興股票市場都會有比較劇烈的震盪，譬如一九九〇年之前的台灣股市，每天上下震盪可以超過七%，甚至有些個股震盪高達十四%幅度，等於是由漲停殺到跌停。

基本上，全球某個地區一旦出現國際金融風暴，到最後各國都會像骨牌一樣，相繼受到波及。在這種情況下，若還堅持作海外投資，就一定要選擇最強勢的市場。

這幾年來，美國股市主導全世界，不僅是主流，而且是最強勢的市場。

自一九九七年下半年東南亞金融風暴發生後，全世界金融市場都受到波及，連最強勢的美國股市最後也受到了波及。道瓊指數在一九九七年十月二十八日殺到六九七一點。因此，有些事情是必須去注意的：

(1)**美國股市一定是全球金融市場最後一個大跌的，因爲它是這幾年來主導全球股市的主流。**

(2)**同樣的下跌，意義不同。**在全球金融市場都處於下跌的情勢下，到最後美國股市也大跌時，代表跌勢將告一段落，但是資金必然會再流往美國，因爲資金會往幣值最強勢的地方跑，除了保值，也可利用最強勢市場的中期回檔低點適時進場。

(3)**絕對不在距風暴源頭很近的地方投資。**

譬如東南亞金融風暴發生後，新加坡雖然在經濟上是已開發國家，新加坡幣貶幅也祇有十%，是區域內相對強勢的國家。但是，無論對新加坡有多大的熱愛，在風暴過後，投資人都必須冷靜觀察一切，不要貿然的去投資。因爲，新加坡距風暴的核心，如泰國、印尼、馬來西亞太近了。雖然新加坡是東南亞最有錢的國家，有八百多億美元外滙存底。但這種情況，就如你家旁邊住了一戶窮人家，有天窮人因意氣用事把人殺傷了，他決定跑路而來向你借錢，你會不借給他嗎？

泰國、印尼、馬來西亞金融風暴之後，新加坡是旁邊的大金主，當然要第一個伸出援手。就連一九九八年第二季印尼蘇哈托下台所引起的暴動，事發後印尼新政府向國際貸款，第一個也是先找新加坡幫忙。

所以，新加坡雖然沒有發生金融風暴，但受到鄰國的拖累，股市跌幅也不輸給印尼、泰國、馬來西亞等國，由一八〇〇點跌到一九九八年八月破千點，祇剩下三位數八九三點。

(4)愈投機的市場，祇要全球任何地方有金融風暴發生，一定要優先撤出。

投機就與賭博沒啥兩樣，愈投機就表示其走勢一定是暴漲暴跌，而且完全是按技術面操作，不是按基本面去衡量股市合理的價值。

像一九九七年上半年前俄羅斯股市還被譽為全球「明日之星」，主要是因為俄羅斯在短短一年之中由五〇點漲到五七一點，漲幅達十倍，而且在漲勢過程中沒有所謂的中期回檔整理，拉回時都是十％之內的平台式強勢整理。結果，東南亞發生金融風暴之後，遠在數千公里之外的俄羅斯股市，卻是全球第一個受東南亞金融風暴影響的股市，率先崩盤，由一九九八年三月的五七一點跌到一九九八年八月的六一點，跌幅高達八十九％。

歸根究柢，俄國人目前經濟狀況根本就無能力投資股市，俄羅斯股市是百分之百外資在玩的市場，一旦風吹草動，有人先賣了、賺了就跑，就如同戲院著火一樣，大家都爭先恐後的要奪門而出。這與世界最強勢的美國股市是完全相反的。美國股市雖然有許多世界各地而來的資金湧入，但美國國內法人機構的資金及美國散戶投資人爭相湧入的資金才是市場最大的資金，起碼佔有七成以上的比重。美國股市每次大跌後又有能力在下波行情演出穿頭行情，實在是因為美國本地資金太雄厚了。

一九九八年八月中旬，俄羅斯盧布一夜之間由六·三盧布兌一美元降至九·五盧布，等於實際貶值五〇％，並造成滙市停擺。另一方面，俄羅斯政府又片面調整政府公債價格，長期公債價值立即縮水七〇％，外國持有者損失保守估計已經超過三百三十億美元，造成國際金融市場動盪不安，不僅貸款予俄羅斯的德國（按德國是俄羅斯最大債權人，高達三百五十億美元債權）股市大跌，並且進一步拖累歐洲股市大跌，美國股市也回頭測試七五〇〇大關，更引發其他新興國家如巴西、委內瑞拉的貨幣危機，到最後全球股市無一倖免。

即使以投機著名的國際大炒家索羅斯，其量子基金大量持有俄羅斯股票，估計損失也高達二十億美元。

俄羅斯股價週線

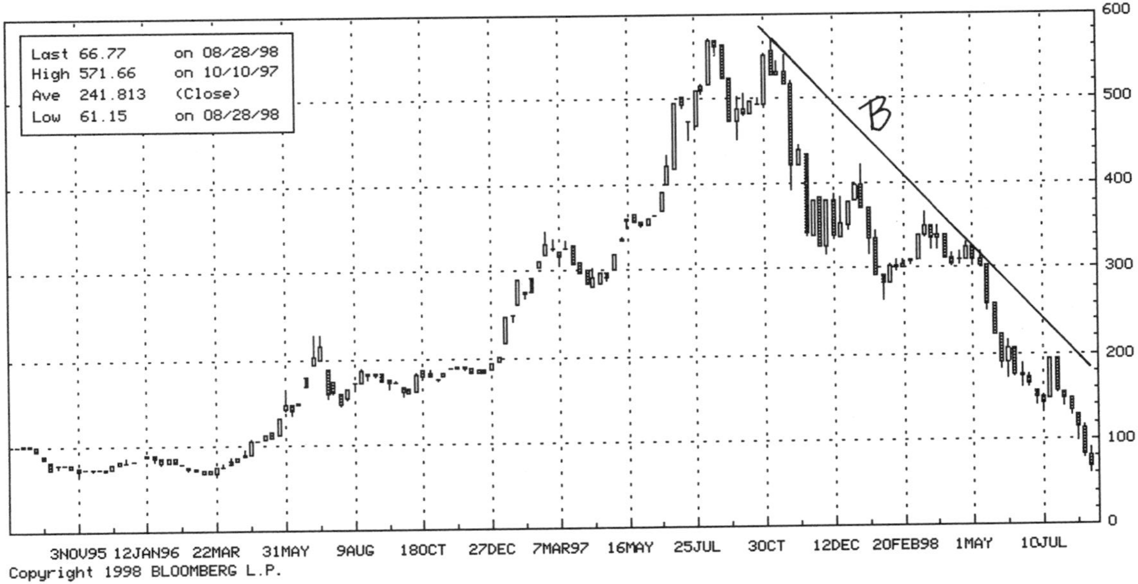
Last 66.77 on 08/28/98
High 571.66 on 10/10/97
Ave 241.813 (Close)
Low 61.15 on 08/28/98
B
600
500
400
300
200
100
0
3NOV95 12JAN96 22MAR 31MAY 9AUG 18OCT 27DEC 7MAR97 16MAY 25JUL 30CT 12DEC 20FEB98 1MAY 10JUL
Copyright 1998 BLOOMBERG L.P.

圖1-2

更嚴重的是，前二年積極看好俄羅斯股市的國際共同基金，基金經理人即使想殺出，卻碰到俄羅斯股票流通性大有問題，每個基金無不慘賠。最慘的以投資俄羅斯爲主的Lexington Trorka Dialog 俄羅斯基金，一九九八年元月至八月淨值共跌去七十七％。

一九九七年八月俄羅斯股市熱到最高點五〇〇點時，有許多海外基金也向台灣熱烈推薦俄羅斯基金。我相信台灣投資人也有人受害。

2

高檔人為干預，終必付出代價

匯率代表國家的強弱，決定於總體經濟的表現。

人為干預市場，將得不償失。

公司的經營者祇要專注於本業，有高獲利，就享有高股價。

人為干預股價，皆出自大股東的私心：

原本是害怕股價下跌，結果反而導致質押股票，被迫斷頭。

(一)俄羅斯

一九九八年八月十七日俄羅斯盧布由六・三盧布兌一美元劇貶至九・五盧布兌一美元，不僅引爆全球金融市場大跌，紐約道瓊工業指數也一度跌到七四〇〇點，但盧布跌勢並未就此打住。九月二日俄羅斯央行又爲盧布訂出新的滙價，爲一二・八二盧布兌一美元，並宣布放任盧布兌美元自由浮動，次日盧布就一口氣跌到一七・四盧布兌一美元，遠低於官方訂價。

盧布激烈的劇貶，也讓俄羅斯股市跌到六一點，把一九九七年的漲幅（由五〇點漲到五七一點）幾乎完全吃掉，並回到起漲區。

俄羅斯會發生如此劇變，主因有下列幾點：

⑴一九九八年七月至八月，俄羅斯央行共花費九十億美元的黃金暨外滙準備來捍衛盧布滙價，使得當前央行的外滙準備祇剩下大約一百二十七億美元的水平，相對於二千億美元的外債，短期償債能力都出現問題。

⑵美國取消原定八月底予俄羅斯二百二十六億美元的貸款。柯林頓總統九月初至俄

羅斯訪問時，也沒有提出實質的援助。國際貨幣基金（ＩＭＦ）於九月初跟著宣布延後發放四十三億美元的援助貸款。這些負面消息，影響俄羅斯現金短缺的危機在未來呈現進一步惡化現象。

⑶俄羅斯政府在八月份的稅收金額祇有大約一百一十二億盧布，較原先預定目標足足短少了將近二十億盧布。

當然，最重要的原因是俄羅斯國會於八月三十一日否決了丘諾米丁的總理任命案。更糟糕的是原本要在九月七日進行的總理任命案第二次表決工作，國會決定要提前至九月四日舉行。在此種情況下，丘諾米丁獲得任命的機會將因政治協商時間的縮短而顯得更加渺茫。當然，葉爾辛仍考慮提名前能源部長 Apparatchik 來擔任國會第三次投票的總理候選人。不過，屆時提名若失敗，那麼葉爾辛勢必需要解散國會，並提前舉行大選，最後將導致政治局勢陷入更爲混亂的困境。

金融危機加上政治上的惡鬥，是導致俄羅斯股市大跌的主要原因。

以美國爲首的西方國家Ｇ７一再對外放話，祇要俄羅斯持續推行市場改革，美國將會支持新的國際金融援助。美國爲主的西方國家眞正擔心的，是俄羅斯發生政變，共黨重新奪回政權。俄羅斯挾其龐大的核武裝備，就算要賴帳，誰敢說個「不」字呢？

一九一七年列寧奪權時就曾經否認外債，導致法國損失不貲。如今俄羅斯最大的債主換爲德國，擁有三百五十億美元債權。如果俄羅斯走回頭路，賴起帳時，不僅對德國會造成巨大傷害，也會對整個歐洲金融市場帶來重創，並且傷害到全球金融市場。

反之，俄羅斯官訂盧布已經由六・三盧布兌一美元劇貶到一二・八二盧布兌一美元（市場交易爲十七盧布兌一美元）盧布滙價已經回到相對低檔區，祇要俄羅斯政局趨穩，西方國家立刻金援，盧布應可穩住。

一九九一年阿根廷決定以一兌一的滙率將披索盯住美元，終於成功地將約四十％的通貨膨脹率壓制到接近零，雖然也導致失業率高漲，但近年已趨緩和（不過仍有十三％失業率）。

相對於一九九七年下半年起的東南亞金融風暴，演變成狂掃全球的金融風暴，並危及各新興市場，阿根廷在固定滙率制的保護傘下受創較輕，已經引起許多受難國家興起效法之心。亞洲的馬來西亞於九月二日宣布實施固定滙率，即爲一例。

俄羅斯若要實施類似阿根廷固定滙率制，以一九九八年八月二十八日爲止還擁有的一百二十七億美元外滙存底，配合西方國家及ＩＭＦ所提供的二百億美元金援，即可成立；混亂的局勢應可因而解決。

㈡馬來西亞

馬來西亞於一九九八年九月二日實施固定滙率以來，以一美元兌換三．八馬元，並且宣布下列外滙管制措施：

⑴固定馬元滙率。⑵非大馬居民把海外馬元存款兌換爲外滙之前，必須獲得央行的批准。⑶馬元祗可在大馬境內買賣。⑷所有進出口訂單都必須以外滙結滙。⑸九月三十日起海外及本地居民之間的轉帳活動必須預先獲得批准。⑹大馬居民最多祗能攜帶相等於一萬馬元的外滙離境。⑺外籍人士不得攜帶超過一千馬元出入大馬。⑻離岸馬元不得調返大馬。⑼外資及本土投資者必須持有大馬股票至少一年才准抛出。⑽股票股東必須把股票寄存在大馬的中央集保公司。

馬哈迪並且把近年堅持實施緊縮政策，導致利率高漲，並且造成一九九八年國民生產毛額（GDP）成長預估已被修正至負二％的副總理安華革職。

馬來西亞的這項措施，純就理論來分析，由於滙率固定，談不上滙價波動，更遑論外滙狙擊，故有助於控制馬元流動。

但是，外資也因而採避免與大馬進行生意往來的策略。僵固的貨幣與僵固的股價都會違反市場法則，扭曲資源的運用，使企業自我調整機能喪失殆盡。

以一美元兌換三．八馬元的固定滙率，仍較一九九七年下半年金融風暴前一美元兌二．七五馬元貶了四〇%。馬哈迪不可能不知道外滙管制這類鎖國政策的高風險性，會導致資金快速逃離，並株連其他盟國漲息籌資。

顯然，馬哈迪的作法是期望在短痛之後會有長多，等待經濟體制自我調養完成，信心逐漸恢復後，再以開放態度重新面對世界。

馬來西亞在東協各國中，經濟實力僅次於新加坡，遠比鄰國泰國、印尼、菲律賓、越南、柬埔寨要好得多。

馬來西亞帶頭服猛藥，願意當「白老鼠」，如果嘗試成功，一九九八年三月間沒搞成外滙管理局的印尼說不定會起而效尤，並且蔓延到東協各國。這個可能性不能說沒有。

馬來西亞外滙管制成功性有多大？⑴以其爲新興國家，人治色彩濃厚，且滙率三．八馬元兌一美元仍較一九九七年下半年未發生金融風暴前貶幅四〇%來看，馬國出口產品競爭能力仍不會輸給東協各國。⑵馬國外滙管制之後，採取降低利率、擴大內需來刺激景氣，短期應有效，長期則待觀察。

馬幣兌美元週線

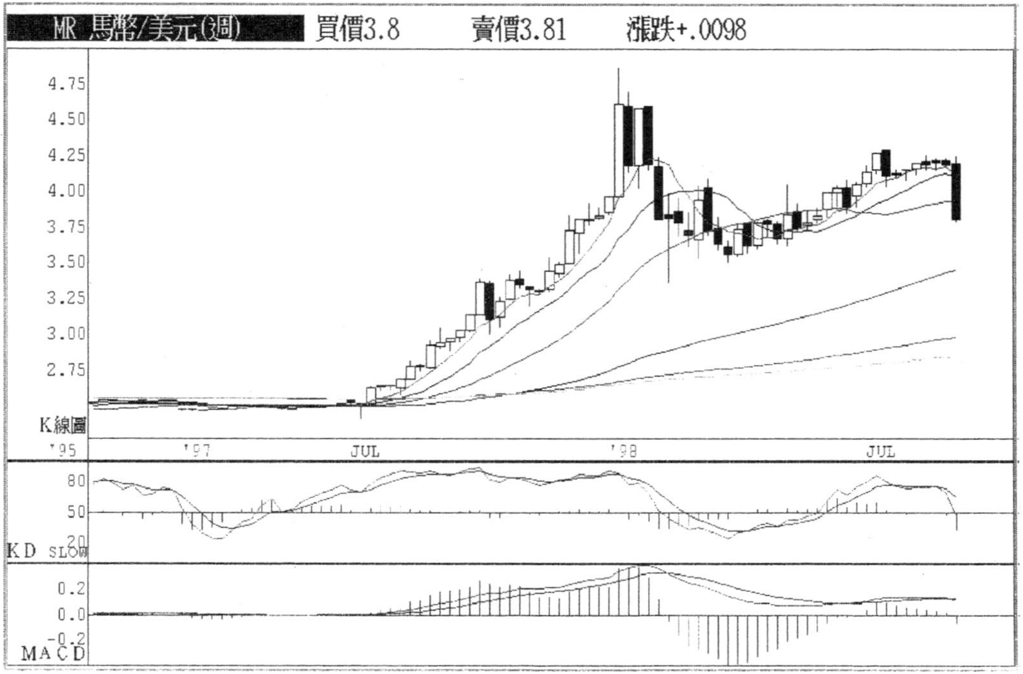
MR 馬幣/美元(週)
買價3.8
賣價3.81
漲跌+.0098
4.75
4.50
4.25
4.00
3.75
3.50
3.25
3.00
2.75
K線圖
'95
'97
JUL
'98
JUL
80
50
20
KD SLOW
0.2
0.0
-0.2
MACD

圖2-1

我國電子廠商在馬來西亞有設廠者，計有光寶、旭麗、金寶、明電、中強、美格、日月光、華泰、宏電、達電。由於台商在大馬多採美元計價，且大馬子公司多為台灣的生產廠，接單、財務運作仍多由台灣母公司操作，在固定滙率後若能使投資固定，並避開滙率不確定損失，反而有利。以光寶為例，大馬廠即為單純的生產工廠，其接單、財務運作皆在台灣母公司；而如旭麗、源興，則採美元資產及負債維持平衡，並無影響。

(三)日圓、新台幣

一九九八年八月中旬俄羅斯盧布劇貶之後，引起全世界金融市場崩跌，日經指數也受到拖累，貫破一四〇〇〇點，但是日圓卻逆勢上漲，由一四五日圓兌一美元上漲到一三〇日圓兌一美元——這主要是國際大炒家在俄羅斯及新興國家損失慘重，趕著出脫美元資產去救命，而美國及西方國家、中共也希望日圓回升所造成的。

由日圓的回升，顯示出用干預市場的手段來拉抬滙率就必須花大錢，但不一定能達到預期的效果。一九九五年日本經濟已經甚為疲弱，日圓滙率又維持在高檔，出口根本無利可圖，雖然美、日曾聯手干預把美元拉高，但三年後日本經濟依然疲弱。

在日本國內金融機構高達八十七兆日圓的不良債權未獲得合理解決，及日本經濟結構末出現改善跡象之前，日圓能維持在一三〇日圓至一四七日圓兌一美元已經是很好的走勢。

另一方面，日本政府也希望用日圓貶值來解決國內金融機構的不良債權問題，故也不願意見到日圓太過於強勢。

因此，雖然經濟學家認爲一美元兌一一〇至一二〇日圓才是合理水準，在日本經濟基本面未改善之前，這純屬一廂情願的看法。即使一九九八年十月因LTCM事件導致美元走弱，日圓急速升值到一一二日圓兌一美元，也非因基本面改善，而是偶發事件所造成的，中期仍要回貶至一三〇日圓兌一美元。不過，目前的匯率變動，已經對日本出口產業造成更大傷害。

新台幣在一九九八年八月中旬日圓強勢的時候，並沒有跟著走強，反而持續維持在三四・七八元兌一美元，主要是台灣的出口持續衰退。滙率疲軟成爲出口不佳的領先指標，亦即台灣出口貿易衰退程度已經相當嚴重。

新台幣自一九九七年下半年起東南亞金融風暴發生後，已由二七・五元兌一美元貶值到三四・八元兌一美元，貶幅達二六・五％，但是一九九八年以來台灣的出口值，除了在二月呈現正成長之外，其餘月份都是負成長，其中七月份的衰退幅度更是創下一九

新台幣兌美元週線

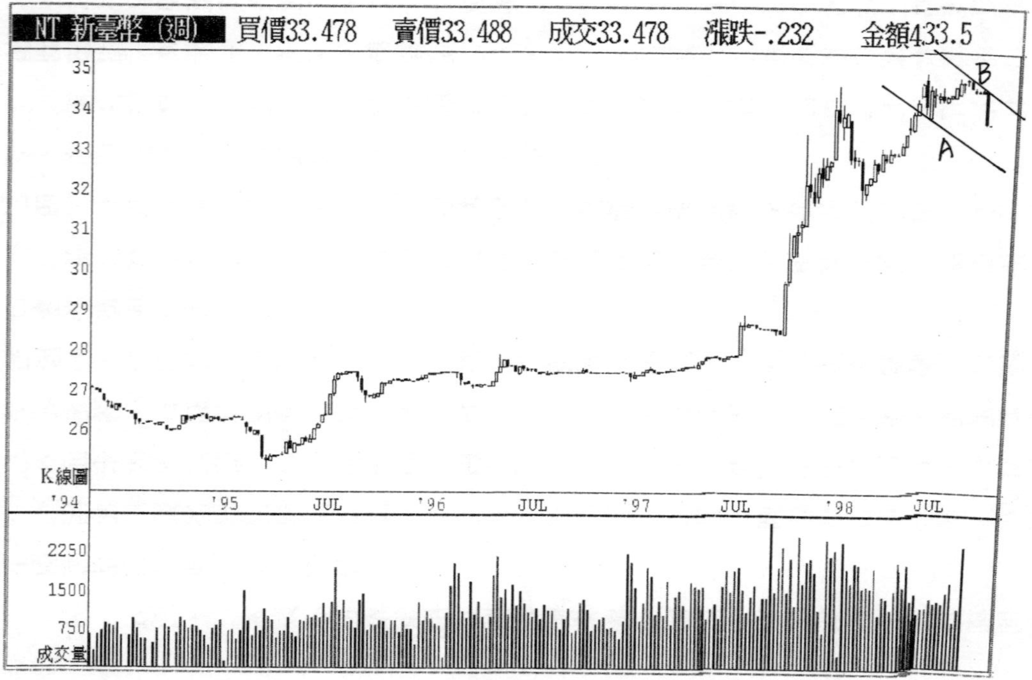

圖2-2

七六年來的新低，而九月份出口情形在一九九七年比較基期相當高的情形下，衰退幅度則很可能再創歷史新高。

此外，台灣經建會雖然再度向下修正一九九八年及一九九九年的經濟成長率，分別為五．一一％及五．三二％，仍似乎太過於樂觀。

台灣傳統型產業在東南亞金融風暴後，面對東南亞、韓國及大陸更強大的競爭壓力，已經毫無出口競爭能力，加上電子業景氣不明朗，台灣出口值恐怕還會繼續惡化下去。

七月底外幣存款已經高達二百

1998來台灣各月進出口及滙率表現

單位：除滙率欄為新台幣元外，其餘為美元

月份	出口值	衰退幅度(%)	進口值	衰退幅度(%)	順逆差	滙 率
1	76.2	−26.4	74.8	−19.4	1.3	33.99
2	86.7	−11.9	92.9	23.1	−6.2	32.1
3	105.8	−0.7	101.9	0.7	3.9	32.86
4	91.1	−7.3	88.5	11.9	2.7	32.97
5	93.9	−7.5	88.2	3.1	5.7	33.98
6	91.3	−8.2	86.2	−10.6	5.1	34.35
7	89.6	−16.3	79	−22.1	10.6	34.36
8	96.5	1.2	83.1	−10	13.4	34.84

資料來源：台灣中央銀行統計數字

表2-1

億美元，而在新台幣滙率疲軟下，美元供給意願大爲減少，央行也不敢過於逆勢操作，祗有讓新台幣在反映基本面情況下，順勢疲軟。

一九九八年十月份新台幣兌美元呈現升值走勢，由三四．五元兌一美元，急速升值到十月八日三二．九元兌一美元，主要是國際美元受長期資本管理公司LTCM巨額損失，美元兌主要國家貨幣如馬克、日圓、瑞士法朗皆呈現弱勢，以及東南亞國家幣值走穩。新台幣升值主要是拉近與各國貨幣差距，台灣經濟實力遠較東南亞國家要來得雄厚也是主因。

如果以一九九八年十月八日日圓兌美元一度升值到一一二日圓兌一美元，距最高點一四七日圓兌一美元，約升值了二四%；以及一九九八年新台幣兌美元最高點三五．一元兌一美元來計算，則新台幣這波升值會在三二．五元兌一美元停住。爲了不使出口產業競爭力喪失，央行應該會維持新台幣在三三元上下〇．五元兌一美元一段時間。

畢竟台灣的出口仍處於衰退狀態，央行爲了顧及台灣外貿競爭能力，應該不會貿然讓新台幣過度升值，以免對出口產業造成傷害。

台灣總體經濟基本面未改善之前，中長期而言，新台幣貶值壓力仍是存在的。

㈣港幣、人民幣

港幣自一九九七年下半年東南亞金融風暴後，即一直死抱盯住美元聯繫滙率（七·八港元兌一美元），結果先造成港股由一六八二〇點跌到六五〇〇點低點，整整少掉一萬點。而香港爲了維持聯繫滙率，利率高漲，房地產也暴跌五成以上。

一年多來以索羅斯爲首的國際大炒家，看準港幣盯住聯繫滙率，港府必然無法兼顧股滙市的缺點，多次進出香港股滙市，頗有斬獲。香港等於是這些國際大炒家的印鈔機。這些炒家在其他投資市場炒作失利，就折回香港取財，而港府爲緊守港幣聯繫滙率，拉高港幣拆借利率，以高利率拉高炒家借港幣來放空的資金成本，藉此逼迫外資離場，卻付出港股與房地產暴跌、經濟蕭條、失業率暴增的慘重代價。

港府爲修理外資，於一九九八年八月十四日至二十八日動用一千一百八十一億港幣（折合新台幣五千億元）大舉介入股市護盤的結果，香港數十年來累積的外滙存底在十天之內就消耗掉十五%，而港府更成爲滙豐銀行等大型上市公司的最大股東，引發香港股市「國營化」的爭議。

港府與外資的大對決，港府慘勝，炒家卻未敗陣。因爲原本港幣資金不足的外資炒手，現在反而手中握有數千億元的港幣，可以大大在外滙市場興風作浪。港府原本想藉由緊縮港幣供應、力守聯繫滙率的戰術，在這次千億元大對決之後，更形成腹背受敵的窘境。

更可怕的是，港府死抱一千一百八十一億港幣的股票，將是未來股市上揚時的最大賣壓，香港股市將如一攤死水，並會引發下列後遺症：

(1)隨著港府外滙存底的流失，投資人對聯繫滙率將逐漸喪失信心。

(2)港幣幣值高估，以及市場利率偏高，將繼續打擊香港房地產。香港房地產雖然已經暴跌五成以上，但仍比紐約曼哈頓貴，摩根史坦利亞洲公司認爲房地產的價格在未來還會再下跌四至五成。

(3)港府拋出外滙換取港幣，再用以購買股票，最後會使港府成爲上市公司最大股東，香港經濟走上公有化，也就是「一國兩制」實施僅一年，就變質爲「一國一制」，與中國大陸無異，平白斷送香港大好前途，也讓香港自由金融中心從此埋下喪鐘。

實際上，北京在這場金融大對決中採取的是旁觀態度。如果香港輸掉這場豪賭，勢必完全向中國靠攏；如果贏了，剛好做爲一國兩制成功的最佳樣板，這是一石二鳥之計。

港股雖然在港府於一九九八年八月份共耗資一千一百八十一億港幣支撐，並且隨著國際股市的大反彈，而走出一波大漲行情，由一九九八年八月十三日的六五四四點彈升到十一月二十七日的一一〇〇〇點，共計上漲了四四五六點，漲幅達六八％，萬點之上是由滙豐銀行所帶動。

如果由最高點一六八二〇點跌到六五四四點，共計跌掉一〇二七六點來看，這次反彈的四四五六點是總反彈的四三・三％。

港股萬點之前的大反彈，港府持股最多的滙豐控股及香港電訊，漲幅各僅有四・九二％及二・〇四％。反彈超過五〇％以上的，大部分是地產股如長江實業、新鴻基地產、恆基地產、新世界發展、希慎興業、鷹君、上海實業等。

香港房地產估計在未來一至二年，仍然還會有三至四成的下跌空間，因此港股這波大反彈，地產股普遍彈幅超過五十％，是空頭市場一次總反彈逃命線。

總體來分析，一九九九年春天人民幣一旦貶值，必然會牽動港幣兌美元聯繫滙率的瓦解，港幣必然會劇貶，並且將連帶導致房地產進一步重挫，屆時港股有可能再測試八〇〇〇點，此爲港府進場的買點。

港府持有恆指成分股一覽表

單位：除總成本欄爲千元港幣以外，其餘爲港元

公司名稱	持有股數	佔股權比重(%)	平均持有價	總成本	佔組合比重(%)	1998/10/26價位	利潤	報酬率(%)
匯豐控股	237,001,800	8.80	172.0312	$40,771,704	34.51	180.50	$2,007,120,844	4.92
香港電訊	972,098,400	8.16	15.2387	$14,813,516	19.15	15.55	$302,614,232	2.04
和記黃埔	304,550,000	7.86	38.0601	$11,591,203	18.53	52.50	$4,397,671,545	37.94
中國電信	478,806,000	4.06	10.8820	$5,210,367	10.23	14.45	$1,708,379,808	32,79
中電控股	136,022,000	5.50	35.0154	$4,762,865	10.41	42.30	$990,865,861	20.80
恆生銀行	109,202,700	5.71	43.7451	$4,777,083	11.66	66.25	$2,457,595,843	51.45
長江實業	237,628,500	10.34	33.5349	$7,968,848	22.01	52.00	$4,387,834,015	55.06
新鴻基地產	191,660,000	8.01	25.7710	$4,939,270	17.50	48.20	$4,298,742,140	87.03
港燈集團	124,335,500	6.15	24.9532	$3,102,569	13.32	28.40	$428,559,601	13.81
恆基地產	85,349,000	4.96	23.7743	$2,029,113	10.05	36.10	$1,051,986,169	51.84
中華煤氣	289,041,000	6.67	9.0043	$2,602,612	14.33	10.65	$475,674,774	18.28
長江基建	96,403,000	4.28	14.3268	$1,381,147	8.88	19.20	$469,791,100	34.01
太古公司A	115,433,000	12.28	23.9954	$2,769,861	19.54	34.10	$1,166,404,292	42.11
中信泰富	146,713,000	6.90	10.4062	$1,526,725	13.38	18.85	$1,238,815,229	81.14
國泰航空	119,208,000	3.52	6.2545	$745,586	7.55	8.30	$243,839,964	32.70
新世界發展	236,470,000	11.91	8.9315	$2,112,032	23.12	17.60	$2,049,840,195	97.06
九龍倉	121,679,000	5.30	7.5859	$923,045	13.14	11.20	$439,760,074	47.64

資料來源：Bloomberg

(續見次頁)

表2-2

港府持有恆指成分股一覽表

(續上頁)單位：同前

公司名稱	持有股數	佔股權比重(%)	平均持有價	總成本	佔組合比重(%)	1998/10/26價位	利潤	報酬率(%)
恆基發展	91,308,000	3.24	4.2285	$386,096	6.33	5.55	$120,663,522	31.25
東亞銀行	83,017,600	6.10	8.4639	$702,653	12.30	12.75	$355,821,735	50.64
淘大置業	71,135,500	2.49	3.8312	$272,534	5.44	5.95	$150,721,897	55.30
上海實業	71,413,000	8.49	10.9883	$784,707	16.56	18.05	$504,297,182	64.27
華潤創業	136,414,000	8.78	5.6776	$774,504	19.59	10.30	$630,560,074	81.41
恆隆	33,156,000	2.50	6.6205	$219,509	6.90	9.00	$78,894,702	35.94
香格里拉	61,674,000	3.44	5.0266	$310,011	10.47	6.00	$60,033,472	19.36
會德豐	62,391,000	3.08	4.1626	$259,709	9.80	6.50	$145,832,723	56.15
信和置業	107,238,000	3.43	2.5792	$276,588	11.57	2.525	－$5,812,300	−2.10
電視廣播	35,741,000	8.56	17.6047	$629,210	29.77	20.75	$112,416,167	17.87
第一太平	143,864,000	6.07	2.5912	$372,780	25.11	2.925	$48,021,803	12.88
希慎興業	60,524,000	5.89	5.2217	$316,038	28.43	8.95	$225,651,629	71.40
大酒店	57,494,000	4.97	4.1801	$240,331	30.20	5.75	$90,259,831	37.56
合和實業	209,323,000	4.78	0.8251	$172,712	31.10	0.90	$15,678,293	9.08
鷹君	24,652,000	4.51	6.5568	$161,638	42.24	10.20	$89,812,166	55.56
粵海投資	157,472,000	6.33	1.4038	$221,059	100.00	1.77	$57,666,246	26.09

資料來源：Bloomberg

表2-2

人民幣自東南亞金融風暴發生後，即一直堅守八・二八元人民幣兌一美元。一年下來，中國大陸對美出口雖然仍維持十八%成長率，但感受到的壓力也愈來愈大。

實際上，中共現在仍有不少出口產品是出自勞改監獄之手。這些屬於零成本的，估計應佔有中國大陸出口產品的十%以上。

俄羅斯盧布自一九九八年八月中旬起崩盤，由官訂的六・三盧布兌一美元劇貶到十二・八二盧布兌一美元，並且波及到拉丁美洲，造成巴西、委內瑞拉的貨幣危機，哥倫比亞也放寬了幣值浮動空間，以致滙率大貶。

由於中國大陸出口市場，俄羅斯佔有八%、拉丁美洲十五%，對中國大陸未來產品出口競爭壓力愈來愈大，殺傷力不可謂不大。

中國大陸人民幣若一直堅守八・二八元人民幣兌一美元，估計一九九八年經濟成長率將僅能達到七%，而一九九九年更會下降到四至五%。

所以，中共領導人江澤民在一九九八年九月二日表示：直到目前爲止中共當局都能維持人民幣穩定，卻不能保證這項政策能夠持續多久。這已經暗示人民幣不貶非永久政策。

一九九八年以來中共已於三月和七月調降利率，期能藉此刺激內需，但到目前爲止效果不大；即使九月份第三度調降利率，仍無法刺激疲軟的內需市場，並可能在一定程度上引起居民拋售人民幣，買進美元，而對人民幣造成貶值壓力。

尤其，目前全球金融市場在東南亞金融風暴及亞洲國家幣值劇貶之後，皆積極搶攻出口市場，爭取外滙；而俄羅斯盧布崩盤，加上拉丁美洲貨幣危機後，新興國家幣值劇貶所形成的出口競爭能力，已對中國大陸造成相當大的威脅。

筆者認爲，中共是在等待時機，找一個不失尊嚴、不失面子的時機，適度讓人民幣貶值，而其所採取的手段應是立即性，即次日醒來一切都已成事實。

據估計，人民幣一旦貶值，將由八・二八元人民幣兌一美元貶至九到九・二元人民幣，貶幅約一〇%。而這個時機，選在一九九九年三月春天時實施的可能性甚大。

人民幣一旦貶值達一〇%，港幣盯住美元的聯繫滙率也會同時失守，估計港幣貶幅將會在二五至三〇%。

中國大陸因有龐大內需市場，且仍處於經濟開發中國家的階段，人民幣貶值一〇%，將可使中國大陸產品維持應有的出口競爭實力。就中長期而言，中國大陸經濟發展仍將持續發展下去，外貿順差及經濟實力仍將進一步擴大。

反之，香港本身並沒有製造業，靠的是金融、服務、地產。在自由金融中心遭破壞之後，香港的前途將變得黯淡無光，會是亞洲國家中最後一個經濟復甦者，而未來上海將會取代香港，成爲中共掌控的自由金融中心，港人的地位相形之下將會日益低落，一年不如一年，值得台灣借鑑。

(五)味全、國產車、宏福

滙率代表一國幣值的高低。幣值高估的國家終究脫離不了基本面殘酷的殺傷力，最後仍要接受大幅向下修正的事實。

同樣的道理，上市公司股價若嚴重脫離基本面，儘管人爲的護盤可以硬撐股價一段時間，但是時間一久，在資金成本不斷提高及調度的壓力下，仍然免不了要接受事實的考驗。

茲以味全、國產車、宏福三家公司爲例來說明。一九九八年上半年味全祇獲利一千四百零二萬元，EPS連〇・一元都不到，股價卻撐在七十元高檔。

國產車一九九八年上半年祇賺九千九百一十三萬元，EPS祇有〇・一三元，股價六〇・五元，比中華汽車的五十八元還高。中華汽車上半年獲利賺三十億六千六百萬元，比國產車的不到一億元多了三十倍，而股本國產車的一百億比中華汽車九十億元多，國產車負債將近二百億元也比中華汽車多得多。

就以股本高不了國產車多少的裕隆來說，一九九八年上半年就賺了四十一億一千四百萬元，獲利遠超過國產車四十倍，股價卻祇有三十八元，比國產車股價低二十元。

宏福在一九九八年上半年虧損六億一千二百五十九萬元，每股稅後EPS負○・八五元，在營建股中虧損僅次於春池的EPS負○・九五元，排名

味全股價月線

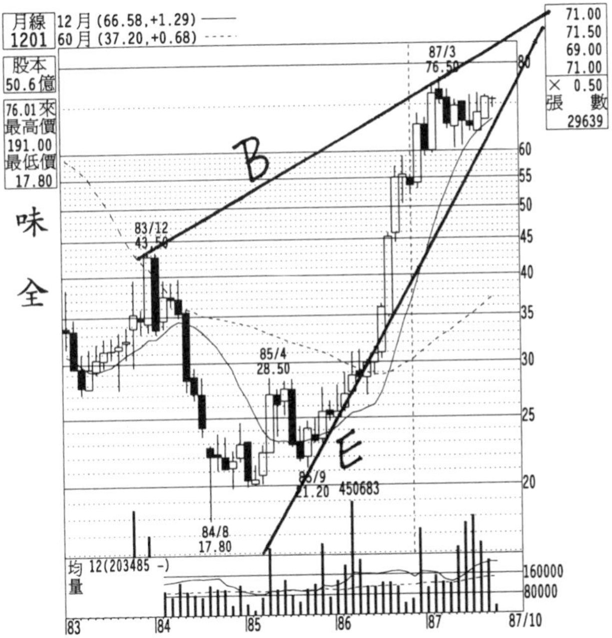

圖2-3

居第二，股價居然有三十一元，在營建股中排名第四。

依一九九八年九月三日收盤價，營建股股價低於十五元的計有國產、太設、太子、寶建、潤建、中工、新建、長谷建設、緯城、寶祥、宏璟共十一檔。宏福股價高出這十一檔股票一倍以上，殊不合理。

味全、國產車、宏福儘管股價嚴重脫離基本面，但因為有大股東長期護盤，使得股價撐在高檔不墜。問題就在於作多的人根本不會去買這種股票，而看不慣高檔股價、喜歡融券放空的投資人，經由這一年來昱成、台鳳軋死空頭再殺多頭的慘劇，也都小心翼翼，故空單並不多。

以一九九八年九月四日為例，味全融券一萬五千四百四十五張，融資十一萬六千七百九十九張，

國產車股價月線

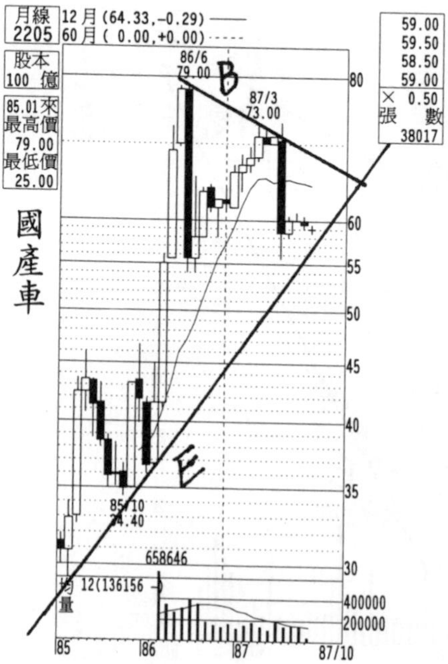

圖2-4

券資比十三・二%；國產車融券二千一百七十六張，融資九萬九千八百四十五張，券資比二・一八%；宏福融券一千六百二十一張，融資十五萬五千七百二十張，券資比一・○四%，即可顯示出大股東已經陷入左手買進、右手賣出，自己玩自己的困境。

哪一天，大股東的手拿掉了，這三支股票的下場將令人無法想像！

當然，以人爲干預股

宏福股價月線

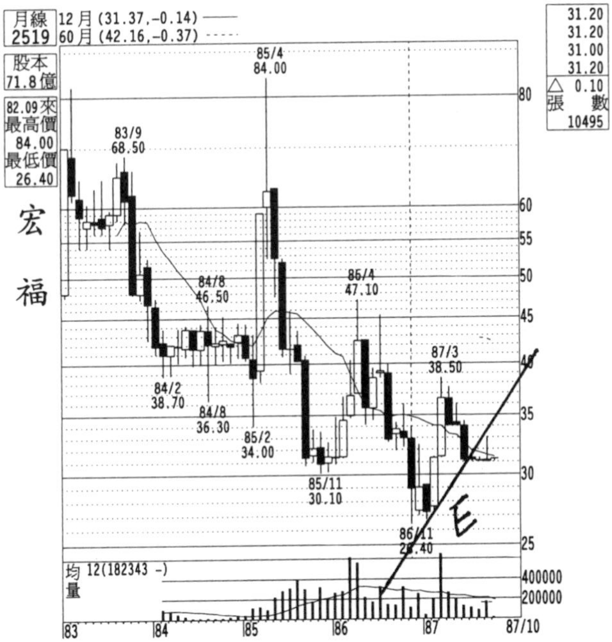

圖2-5

價，完全無視於基本面的公司，也不祇上述三家，其餘諸如近二年來在股市興起的國揚集團（國揚、廣宇）、新巨群集團（台芳、普大、亞瑟）、新巨群的策略聯盟交叉持股（如聚亨、新泰伸）、交叉持股的正道與美亞、中鋼構（它純粹是新巨群集團狂炒的結果，與公司無關），以及聯成食品、中精機、順大裕。

自從一九九八年九月下旬東隆五金負責人以公司資金炒作金融市場失敗，致虧空公款七十七億元的事情爆發之後，理性投資人對上述股票已經抱持敬而遠之的態度，因此受傷散戶並不多。而上述公司自東隆五金出事後，接著於十及十一月份相繼引爆炒作股票失利，導致公司財務危機。其共同點爲⑴都是本業獲利有限，獲利全來自於處分土地，或營建案入帳（以現今房地產如此嚴重不景氣，老牌營建公司如國建賺錢皆屬不易，上述這些借殼上市公司營建入帳，卻如此豐厚，有關單位實在有必要深入調查，評估其交易的眞實性，以免誤導投資大衆）。⑵公司爲了維持長期股價均衡，必須不斷買進股票再向金融機構質押，借來資金再買進股票再質押，高槓桿及高風險的風暴已經隱藏於其中，而大股東不斷買進的結果，造成國產車居然有九五％股權被張朝翔兄弟買回去，已經幾近於獨資公司，而國揚侯西峰則被迫買回股權高達八〇％左右，祇爲了維持一個虛幻、不切實際的價格，到最後終歸幻滅。歸根究柢，這正是害怕股價下跌，引起斷頭賣壓。

即使國產車自一九九八年十一月十七日起暫停交易二個月，後續也或許有其他公司跟進，但是這種驟然停止交易的做法，反而要預防大股東可能利用這段空檔脫產，潛逃，規避法律責任的歸屬。暫停交易二個月後，事情如果仍然無法解決，而上述公司後續所造成的壞帳金額估計高達上千億元以上，後果將會由證金公司、自辦融資券商、股票質押金融機構來承擔。

所以，台灣股市一九九九年第一季若出現大幅度下跌修正，導火線將是金融機構大批提列壞帳，金融股大跌所造成。所以，建議投資大衆要避開那些持有大量借殼上市股票的質押金融股。

3

低價電腦帶來正反效應

低價電腦帶來龐大商機，擴大了市場需求，

但相對的，利潤也會被壓縮。

祇有掌握國際大廠代工訂單，

並從 BTO 中有效、良好的庫存管理、工廠管理，

藉由大量衝量，利潤率方可維持，甚至進一步成長。

低價電腦即指單價一千美元以下的個人電腦。一九九七年第一季低價電腦於美國地區市場推出後，當季市場佔有率八％，第二季十七％，到了一九九七年第四季，市場佔有率已達四十一％，顯示低價電腦成長速度相當快速。

低價電腦的推出原先是要開發低收入戶的新客戶層，但實際上購買者有三成以上是年收入三・五萬美元的既有電腦採購族群。這些人並不是低收入戶，卻侵蝕到既有的採購族群，使得電腦價格競爭更形激烈。

從另一方面來分析，低價電腦威力正席捲全球市場，也壯大了美國家用電腦市場，使家用電腦的普及率由一九九七年的四十％，到一九九八年第一季時再向上提升爲四十五％。

亞洲金融風暴後，整個亞洲市場需求大幅衰退，低價電腦更爲盛行。爲了搶奪市場佔有率，康栢更搶先推出七百九十九美元不含監視器的組裝電腦，隨即HP也推出六百九十九元不含監視器的組裝電腦。

低價電腦是廠商爲了吸引顧客所推出的行銷策略——捨棄監視器，祇賣電腦裏面的主機內容。對於國際系統廠商而言，爲了維持既有利潤、維持品牌及行銷優勢，將一些原本不是電腦必需品如監視器，本身單價高，約佔一部電腦售價的十五％，且功能是固定又單純的、不容易壞、屬於成熟型產品採行分銷。

這樣一來，完全打破過去監視器與主機一比一的配備比例，造成國內源興完全以OEM爲主的訂單流失，以致一九九八年有大幅虧損的預測。

低價電腦一九九八年第一季在美國市場仍較一九九七年第一季有十八％成長率，全球市場成長率也有十二％。

低價電腦使得大廠的佔有率節節升高，加上BTO盛行，國際大廠透過BTO，把庫存及財務調度的風險轉嫁給我國代工業者。

但是，無可否認，我國代工業祇要爭取到國際四大廠訂單，訂單數量都相當龐大。藉著BTO制度，業者就必須從管理上去降低成本，如此方有勝算。

反之，若無法爭取到國際四大廠訂單，則祗有坐以待斃。

以一九九七年全球市場PC佔有率而言，康栢一二・六％，IBM九・一％，戴爾五・八％，HP五・六％，派克貝爾五・二％，前五大廠有近四成佔有率。

而在美國市場方面，康栢一六％，戴爾九・四％，派克貝爾八・八％，IBM八・七％，Gateway 2000 六・九％，前五大廠佔有率近五十％。

低價電腦使得電腦不需要使用更高層次的DRAM；一般而言，電腦內建有16M的

DRAM即已足夠。對半導體而言，製程每一世代交替，就有近一倍產能增加量。低價電腦雖然擴大市場需求，卻還是遠低於DRAM每年因世代交替所增加的供應量，以致DRAM長期低迷不振。以16M的DRAM而言，在一九九八年第三季跌破每顆一．五美元變動成本，台灣所有DRAM廠，包括世界先進、南亞、力晶、茂德、茂矽等，一九九八年的虧損金額合計就超過兩百億元。

低價電腦盛行，零組件也要配合降價。一般而言，台灣生產電源供應器的兩大廠商光寶、達電，生產基地皆已移往大陸東莞，藉著低價勞工及規模經濟量產優勢，可以利用大量來彌補降價，整體獲利較不會受到影響，而且還會因產能擴大而增加獲利。此外，電源供應器用途不止是在個人電腦，其他許多方面都用得著，產品線可延伸，既廣且遠。產品多樣化，正是電源供應器廠較具優勢的地方。

另一主要零組件印刷電路板，應用於主機板用的四層板，在低價電腦盛行下，利潤已被壓縮，而這幾年國內各印刷電路廠又拚命擴充產能，目前應用在主機板四層板的售價已跌至每平方英吋六．五美分，跌破損益平衡點七．五美分。

低價電腦指的是桌上型電腦，台灣業者的營業利益率大約祇有三至四％。若一九九八年底桌上型電腦如預期跌到每台五百九十九美元，則一千美元以下的筆記型電腦就會出現。目前上市績優筆記型電腦大廠如仁寶、英業達，營業利益率約爲七・五至八％，屆時恐怕還會再降低。

當筆記型電腦掉落到一千美元以下時，業者除了營業利益率必然會再降低一至二％之外，沒有量產經濟規模的廠商，恐怕都很難生存下去，而屆時往大廠集中的現象會更加明顯。

低價電腦對上游DRAM、IC代工廠、下游系統組裝、筆記型電腦廠，及中游主機板、電源供應器、機殼、PCB的影響分析如下：

(一)DRAM

美國半導體產業協會（SIA）於一九九八年六月三日對外公布的年中產業景氣預測：由於亞洲金融風暴的持續影響，一九九八年全球半導體產值預估爲一千三百四十六億美元，較一九九七年的一千三百七十二億美元，衰退一・八％；但預估一九九九年及二〇〇〇年產值將出現一七・二％及一八・五％的成長率。

就DRAM需求而言，全球電腦預測權威機構IDC預估一九九八年全球PC需求量將達九千零五十九萬八千台，全球PC的DRAM需求將達 40.95 Gbit，加上其他產品所需的DRAM佔PC用的DRAM需求量六成計算，則一九九八年全球DRAM的總需求量將達65.5 Gbit。

但是，DRAM製程進入一個世代交替，就會增加近倍的供應量；在台灣DRAM廠商加速導入64M DRAM及○・二五微米製造之下，DRAM一九九八年全球生產量將達72.66 Gbit，與需求量仍有一成左右的產能過剩。

所以，全球最大DRAM供應國之一的韓國，雖然在一九九八年八月有多家廠商宣布暫時停產，如三星電子在八月十六日至二十二日暫時停產，現代電子在八月十二日至二十日停產，LG半導體八月十日至十六日暫時停產，促使64M DRAM每顆價格由七・六美元回升到八・八美元，但距生產成本每顆十美元仍有段距離，16M DRAM亦由原先一・五美元以下彈升至一・七美元。

但是，減產祇是使短期供需有平衡的機會，一旦減產動作結束，供過於求的現象仍將延續。

就一九九七年世界各DRAM廠損益分析，日本半導體五大廠商中僅有NEC及東芝兩家公司出現盈餘，日立、三菱及富士通都出現虧損。一九九八年台灣五大DRAM廠世界先進、力晶、南亞、茂德、茂矽虧損金額就超過二百億元新台幣，而日、韓廠商虧損金額恐怕將更多。

此外，美國美光（Mircon）公司在一九九八年買下德州儀器（TI）的四座DRAM廠之後，揚言將於一九九八年年底之前將64M DRAM生產成本壓低到五至六美元。美光所生產的DRAM，生產成本是全球最低的，又善用反傾銷控訴及收取權利金方式，來壓抑其他國家的生存空間。

顯而易見，全世界DRAM廠商正在進行一場優勝劣敗，適者生存，弱肉強食的叢林法則。這一場戰爭到最後必然要有一至二個廠商關廠或倒閉才會結束。

台灣DRAM廠到現在仍以生產16M DRAM爲主，一九九八年底之前能用○・二五微米製程導入64M生產的廠商祇有力晶、華邦、茂德三家，生產成本與美光相比根本毫無競爭力。

低價電腦如果持續盛行下去，即使DRAM市場能在一九九九年下半年復甦，但由於低價電腦對高級晶片（如64M DRAM甚至往後的128M DRAM）的需求量無法眞正大幅擴增，即使DRAM景氣回升，廠商的獲利空間也相當有限。

所以，台灣DRAM廠在美、日、韓競爭壓力下，生存空間相當狹小，即使僥倖存活下來，未來DRAM景氣一旦回升，眞正可享有暴利的是美、日、韓等大廠，國內D

RAM獲利恐怕也有限。此一情況下，台灣DRAM廠根本不具有長期投資價值。

(二)IC代工

一九九七年IC代工是半導體最當紅的行業。台積電一九九七年的稅後盈餘一百七十九．六億元新台幣，營業利益率二十五%，比全球最大晶片廠英特爾（Intel）還要高，獲利則僅次於英特爾，居全球第二。

一九九八年在IDM廠（如IBM）相繼加入晶圓代工行業後，全球產能過剩及庫存問題，導致晶圓代工行情也向下滑落，使得台積電一九九八年營收由元月初的五十四億四千九百萬元逐月下滑到六月份的三十億元，七月份則維持在三十億元左右。

但是，晶圓代工講究的是技術及按客戶的需求量身訂做。台積電現有二座六吋晶圓廠、三座八吋晶圓廠，加上在美國的八吋晶圓廠也於一九九八年第三季開始生產，且已有能力導入〇．二五製程，一九九九年更可進入〇．二〇及〇．一八微米製程。即使有IBM等IDM廠陸續加入晶圓代工業務，但台積電已經積極尋求IP公司的策略聯盟。

以台積電本身條件及掌握住相當多優秀人才、基層員工素質又高來看，其辛苦建立的代工王國應不會輕易失手。當然，未來ＩＤＭ廠的訂單何時會再湧入，對其業績爆發力會有顯而易見的效果。

整體來看，即使一九九八年ＩＣ代工業務不具有成長空間，但台積電一九九八年稅後純益也有一百八十億元以上，每股稅後ＥＰＳ三元，本益比二十倍。六十元附近的台積電應具有長期投資價值。而且，一旦ＩＣ景氣回升，代工業務會最先反映。屆時台積電龐大產能及進步製程所發揮威力會更猛，營收及獲利必然會大幅成長。

(三)系統

系統即俗稱的桌上型電腦及筆記型電腦。

台灣桌上型電腦以宏電、神達、大衆、致福爲代表。其中，宏電又兼做筆記型電腦及主機板、介面卡，是一家綜合性大廠，不完全是桌上型電腦廠商。

桌上型電腦業者的營業利益率相當微薄，一般介於三至四％，尤其在低價電腦盛行及ＢＴＯ制度盛行下，沒有辦法承接到國際四大廠訂單者，營收必然會大幅衰退，營業利益率會進一步降低到一至二％，甚至產量規模若不符合經濟規模，營業利益率變成負數都有可能。

反之，若是能承接到國際四大廠大訂單，配合BTO制度，透過良好庫存管理、工廠管理，再藉由大量衝量，即使有低價電腦壓低售價的衝擊，能也由於量夠大，營業利益率會不減回升，會比過去的三至四%還要高。

以神達爲例，受惠於康栢及HP大訂單，一九九八年第一季營收七十七億五千萬元，稅前純益四億七千七百九十一萬元，營益率高達六．三%，稅前純益全是依靠本業賺來的。而營益率六．三%，比一九九八年前未接到國際四大廠訂單之前平均營益率二%，整整要高出二倍以上。

神達第二季營收一百億四千二百萬元，較第一季七十七億五千萬元還要再擴大，上半年稅前純益有十億五千四百萬元，已達成全年目標一十六．九億元的六十%，下半年又屬出貨旺季，預估全年稅前純益可達二十億元以上，以一九九八年底股本五十七．五億元計算，每股稅前EPS三．五元。

反觀沒有承接到國際四大廠訂單的大衆及致福，其營收及獲利雙雙都出現衰退。大衆一九九八年第一季營收爲六十二億四千二百萬元，營益率祇有一．二%，第二季營收六十三億二千五百萬元，營益率祇有一．九%。

致福一九九八年第一季營收爲五十八億三千四百萬元，營益率爲負一．四%，第二季營收進一步衰退到四十二億六千七百萬元，營益率擴大到負六．九％。

在筆記型電腦方面，大廠集中的現象更加明顯。台灣第一大筆記型電腦公司，未上市的廣達（已申請上市）一九九八年上半年出貨量有六十萬台，營收約二百二十億元，稅前盈餘估計三十七億元，以一九九八年底股本四十二．八億元計算，每股稅前EPS八．六元。

未上市的華宇（已申請上市）一九九八年上半年出貨量有四十萬台，營收約一百三十五億元，稅前盈餘約十一億元，以一九九八年底

台灣筆記型電腦廠商
1998年上半年出貨比較表

單位：萬台

公司別	1998年上半年出貨量	1998年全年出貨量目標	上半年達成率(%)
廣　達	60	100	60
華　宇	40	63	63.5
宏　電	36	100	36
英業達	30	85.3	35.2
仁　寶	28	71.3	39.3
倫　飛	14.5	55	26.4
藍　天	11.5	30	38.3

表3-1

股本二九・八億計算，每股稅前EPS三・七元。

已上市的仁寶，一九九八年上半年稅前盈餘二十六億五千二百萬元，以一九九八年底股本八十三・四億元計算，每股稅前EPS三・一八元；英業達一九九八年上半年稅前盈餘二十二億七千四百八十萬元，每股稅前EPS二・六六元。

上述的廣達、華宇、仁寶、英業達都以承接國際四大廠訂單為主，未來當筆記型電腦降為一千美元以下時，其營益率將再降一至二%。不過，屆時國際四大廠委外的代工訂單必然會進一步擴大，相對地則要有相當大量產規模的國內大廠才有能力接下如此龐大的訂單，「優勝劣敗，適者生存，不適者淘汰」的情況，更會出現在此一行業。

㈣零組件

(A)印刷電路板（PCB）

低價電腦必然也會壓低印刷電路板價格，而國內PCB業者，除了少數的廠商如華通、楠梓電、耀文近二年有到大陸擴充生產基地外，大多數廠商僅在國內擴充廠能，且大部分以PC主機板用的四至六層板為主，使得一九九八年初起PC主機板用PCB價格不斷滑落，一九九八年上半年價格的跌幅約二〇至二五%。

尤其自一九九八年第四季起，各大廠所擴充的產能將依序完工投入量產，屆時PC主機板用PCB還會有一波更慘烈的競價壓力。

PC主機板專用的印刷電路板使用量，約佔印刷電路板市場的七〇%，其餘的三〇%則使用在通信、網路、汽車等專用印刷電路板。

目前PC主機板用四層板PCB每平方英吋已下跌到六．五美分，已遠低於業者生產成本七．五美分，故以PC主機板用爲主的印刷電路板上市公司未來有業績衰退壓力，並不具有投資價值。

但是，少數已轉型到其他高利潤通信、網路、汽車用PCB的業者，則仍具有長期投資價值。

以華通爲例，英特爾內建用SECC卡基板，華通是唯一供應商，利潤起碼已有四成以上，且SECC卡基板已佔華通營收三十至三十五%，對獲利的貢獻顯著。華通也是國內第一家積極爭取國際大汽車廠Q9000認證的廠商，如果在一九九八年底前能取得國際大廠認證通過，則一九九九年獲利還會呈現更大爆發力。（按Q9000是由美國通用、福特、克萊斯勒等三大汽車公司所採用認證規格，一旦通過，訂單龐大。）

此外，以通訊用PCB爲主的上市公司楠梓電、燿華、上櫃公司耀文，也具有長期

台灣主要PCB廠商
1998年擴產計劃

單位：萬平方呎

廠　　商	1997年底產能	1998年底產能	擴產幅度(%)
華　　通	85	100	18
南　　亞	85	100	18
楠　　梓	45	80	78
金　　像	60	90	50
佳　　鼎	30	60	100
耀　　文	50	80	60
欣　　興	45	80	33
敬　　鵬	單面133 雙面 33	單面133 雙面 33 多層 42	25
耀　　華	40	60	50
佳　　總	16	25	56
元　　豐	12.5	20	60
九　　德	20	50	150
台灣電路	45	60	33
合　　計	699.5	993	42

表3-2

投資價值。

(B)電源供應器（SPS）、機殼、準系統（Barebone）

低價電腦雖然會壓縮電源供應器及機殼的單價，所幸台灣這些大廠如光寶、達電、鴻海早在幾年前就已經到大陸東莞設廠，利用當地低價勞工及龐大的生產基地，興建廠房且不斷擴大，當其規模經濟量產能力愈來愈大，也逼使國際四大廠爲了取得低成本零組件供應，祇有與這三家大廠的關係愈來愈密切。大量足以彌補單價降低，營益率不見得會下降。

因此，光寶、達電、鴻海在大陸的規模愈來愈大，營收佔母公司比重愈來愈大，台灣已經變成高附加價值產品及研發、設計中心。

神達就是因接到康栢、HP大訂單，加上BTO制度實行，營益率反而大幅提高。光寶電源供應器現有東莞一廠、二廠，每廠滿載營收各爲二十億元新台幣；積極興建中的東莞三廠，產能將是一、二廠總和。因此光寶東莞三廠於一九九八年底完工時，滿載產能營收將可達四十億元新台幣，屆時其電源供應器實力會大增。光寶在馬來西亞廠也是生產電源供應器，合計共有四個廠。

台達電在大陸東莞有四個廠，其中專門生產電源供應器的廠有二個，另二個則生產監視器、網路卡及其他產品。目前正積極興建的三個電源供應器廠，每個廠的月產能各爲二十萬個，預計一九九八年底完工量產，而其在墨西哥、美國也設有工廠就近供貨。

鴻海以連接器、精密模具起家，轉型爲機殼大廠後，在大陸東莞有三個機殼大廠，機殼供應量可達年出貨量一千萬台。

由於低價電腦的盛行，個人電腦市場愈來愈集中國際四大廠，估計到公元二〇〇〇年，全球PC市場佔有率，國際前四大廠將佔有五十％，比一九九八年四十％高出十％，大廠集中度會愈來愈高。

戴爾的直銷成功，促使康栢、HP、IBM不斷爲減低電腦成品的庫存與營運成本而努力，大廠的代工廠則必須在市場附近成立全球運籌的生產與發貨中心，以便及時出貨，空機（Barebone）市場遂應運而生。

系統廠商都有加強空機生產線業務，但由於關鍵零組件必須向零組件廠購買，費時且成本過高，不具競爭能力，是系統廠商最大致命傷。

但是，反觀零組件業者如電源供應器、連接器、機殼的生產廠商，本身就具備這些方面的專長，彼此間結合使橫向發展更爲擴大，帶來雙贏的結果。

所以，鴻海投資目前電源供應器（SPS）規模第四大的高效電子，並引進其技術

SPS工廠，使得其空機業務在一九九八年出貨量可望高達五百萬台；英誌以生產機殼爲主，則在中國投資新英德SPS廠；達電與機殼大廠富驊及光寶與機殼大廠松喬的結盟，在在顯示四家大廠由一九九八年起大力發展空機業務的企圖心。

以下就光寶、達電、鴻海在中國大陸的投資作分析。

光寶一九九七年營收一百三十億元，其中電源供應器SPS佔六五%，約八十五億元，光電產品佔三五%，約四十五億元，一九九七年稅前純益十九億七千萬元，SPS與光電各佔一半，顯示出光電產品營益率高達二十%以上。

光寶電源供應器廠的情況已如上述，光電產品則除了台灣母廠外，目前在泰國有一座下游封裝測試廠，在菲律賓有委外加工廠，而一九九八年六月大陸天津光電廠完工後，將是未來生產主力，預估一九九九年的營收，若量產順利，可達到二十億元新台幣，較預估的十億元有倍數成長。

光寶天津光電廠將注重表面黏著型發光二極體、超亮度發光二極體、高速紅外線發光二極體、雷射二極體等產品。這些都是高利潤產品。

如果以光寶光電產品營益率二十%以上來計算，一九九九年光寶天津LED廠對母公司的貢獻應有二至四億元新台幣獲利，再配合東莞三廠SPS以高利潤筆記型電腦、伺服器用電源供應器為主，則一九九九年稅前盈餘應可較一九九八年再成長二〇至三〇%，達到二十五億元左右。

達電一九九七年稅前純益二十七億元，全數來自於大陸東莞廠的貢獻，一九九八年稅前純益可增加到三十億元左右。

達電一九九八年底東莞有三個SPS廠可加入生產，預期一九九九年起對獲利貢獻度會呈現二十%以上成長率。

達電專注於SPS，雖有介入網路卡及其他不斷電系統UPS，但多角化經營績效不像光寶那麼明顯。

鴻海以連接器、機殼起家，並且積極跨入空機業務，預計一九九八年空機可出貨五百萬台，績效顯著。鴻海還計劃到歐洲矽谷設立機殼、連

台灣機殼、電源供應器SPS廠商切入空機Barebone市場分析

單位：萬台

廠商	轉投資	空機出口地	機殼月產能	SPS月產能	新廠地點
鴻海	SPS廠高效	中國	60	100	東莞
英誌	新英德SPS廠	中國	50	78	東莞
達電	富驊	中國、墨西哥	33	210	墨西哥
光寶	松喬	中國	20	120	中國龍港

表3-3

接器廠，企圖心強烈。

鴻海一九九七年營收爲二百三十四億元，稅前盈餘四十億元，一九九八年營收估計可達三百三十億元，較公司預估的三百億元應有一成左右成長，稅前盈餘估計六十五億元，其中來自大陸廠獲利約二十四億元。另外，一九九九年起機殼及空機業務的出貨目標爲一千萬台，較一九九八年五百萬台成長一倍，未來每年保持營收成長三成，獲利也有成長三成能力，應該不是夢想。

(C)主機板

主機板是屬於PC系統中內部重要的零組件，但主機板未來有可能附屬在空機內，搭配出貨。這是目前主機板業最大的隱憂。

台灣最大的主機板商爲華碩，第二大爲技嘉。兩家公司的技術層次皆高，利潤率也高，較不受空機業務持續擴大的影響。

但是，一些屬於二級以下的主機板小廠，未來生存空間必大受影響，即使尋求空機業務的轉型，在目前現有的四大廠如鴻海、光寶、達電、英誌的壓縮下，也無法再找出有潛力的機殼大廠來互相配合，是其最大致命傷。

當然，主機板廠商除技嘉外，都沒有赴大陸設廠，以尋求降低生產成本。在未來零組件競爭壓力愈來愈大情況下，這會是其最不利之處。

所以，華碩一九九八年上半年每股稅後純益五·八八元，預估全年可達一〇·〇五元，但其獲利來源主要還是主機板超高利潤率，其餘如筆記型電腦、CD-ROM績效並不高。

我個人認爲，華碩不到大陸設廠是很可惜的，甚至在其股本已膨脹到八十一·五億元，還是光靠主機板而不尋求到大陸建立生產基地，以降低生產成本，未來發展將陷入瓶頸。

因爲，華碩在其他產品如筆記型電腦，走自有品牌及向日本Cannon代工，數量並不多，量產規模始終無法擴大，而CD-ROM已陷入五十倍速極限，利潤率有限，未來發展潛力有限。

所以，我認爲華碩已走完過去每股稅後十五元甚至二十元的高峯期，未來的發展潛力將不如其他零組件大廠如華通、鴻海等，股價也將不再具有爆發性。

(五)週邊產品

低價電腦盛行之後，對週邊產品殺傷力最大。由於週邊產品如監視器、掃描器都屬於成熟產品，營益率祇有五％以下，利潤微薄，而低價電腦為使低價策略能貫徹執行，甚至把監視器排除在外，使過去監視器與主機一比一配備消失掉。

另一方面，韓國監視器廠商如三星、金星利用貨幣貶值優勢及自有原料映像管優勢，生產成本較我國廠商要低很多，使我國監視器廠商面臨更大的生存壓力。

以一九九八年八月康栢標購一批十七吋監視器訂單為例，台灣廠商報價一百五十三美元，但韓國廠商大宇挾著自有原料映像管生產線，硬是以一百三十八美元報價取得訂單。

所以，週邊產品若沒有具有世界第一的產能供應能力，在低價電腦盛行之下，這些廠商未來生存空間將愈來愈渺小。

台灣週邊產品廠商祇有旭麗具有長期投資價值。

旭麗是全世界最大鍵盤及導電橡膠生產廠，一九九八年接到ＨＰ掃描器大訂單，利用馬來西亞廠擴充生產線，月產能已達三十萬台，並且用作鍵盤、掃描器生產線的墨西哥廠也於一九九八年下半年生產，而大陸東莞廠投資一千萬美元，預計一九九九年中完工生產，成為全球最大鍵盤生產基地。

鍵盤這種低單價產品，由於單價太低，一般的每台不到五美元，彩色的則十美元，

以致國際四大系統廠都已經不願意生產，乾脆把生產線停掉，完全委託旭麗生產。

所以，現在國際四大系統廠商康栢、IBM、戴爾、HP是旭麗的主要客戶，連全球前十大PC廠商也都是旭麗的客戶。

旭麗就是專門做這種別人不要做，也不願意做的低單價鍵盤產品，從中撈了不少好處。

何況，藉由全球生產基地的建立，使旭麗的鍵盤穩做世界第一寶座，也阻斷後來者跟進的意願。

由低價電腦盛行所帶來的正反效應，投資者應可瞭解其對電子上、中、下游發展造成的是更強烈的競爭壓力，而能從中受惠的也僅是少數根基雄厚、應用策略靈活的績優廠商；大多數廠商在低價電腦盛行之下，不僅未蒙其利，反受其害。

至於大家擔心公元二〇〇〇年千禧年會影響到電腦銷售量，甚至悲觀到認爲屆時會沒有人買電腦的情況，實屬多慮。

實際上，電腦勢必成爲二十一世紀人們的生活必需品，且由於科技的進步，電腦專家早就提出因應的措施。

以台灣櫃枱買賣中心爲例，爲因應千禧年電腦所可能發生的錯亂，早就有萬全的準備，包括債券交易系統、內部作業流程程式修改，均大功告成。新的交易系統，預估在一九九九年三月底前完成。

小小一個台灣爲因應千禧年，即已經採取如此嚴密的措施，何況是先進國家的美國及歐洲。他們爲因應千禧年所進行的一連串措施會比台灣差嗎？

一件事情的本身，若能事先防患於未然，公元二〇〇〇年千禧年來臨時，縱然有影響，傷害也會降到最低。

反之，若大家都不重視千禧年對電腦的影響，而去忽略它，事先也沒有任何因應措施，則屆時一旦有利空，殺傷力必然強大。

套句股票術語，對於未來已經知道的利空，就不是利空，利空來臨時，就會形成「利空出盡」。

反之，對於突發性利空，由於事先並沒有預期，故殺傷力往往較爲強大，有時會形成股市的超跌。

所以，千禧年的來臨對於電腦的銷售量或許會有影響，但我個人認爲影響層面是相當有限的，至少家用個人電腦是不會有任何影響的。

別忘了，千禧年 Y_2K 所引爆的換電腦軟硬體需求，勢必極爲可觀。如果以 PC 從三八

1997年亞太國家
個人電腦（桌上型＋筆記型）市場規模

國家別	1997年 市場規模(千台)	1996年 市場規模(千台)	97／96 成長率(%)
中國大陸	2,700	1,850	45.9
南　　韓	1,917	1,980	－3.2
澳　　洲	1,529	1,394	9.7
台　　灣	877	668	31.3
印　　度	605	487	24.2
印　　尼	412	421	－2.1
香　　港	391	343	14.0
馬來西亞	385	302	27.5
新 加 坡	360	287	25.4
泰　　國	310	312	－0.6
其　　他	568	512	10.9
合　　計	10,054	8,556	17.5

資料來源：資策會MIC技術處ITIS計劃

表3-4

1998年上半年亞太國家
個人電腦（桌上型＋筆記型）市場規模

國家別	98年上半年 市場規模(千台)	與97年年上半度同期 相比成長率(%)
中國大陸	1,800	28
韓　　國	556	－40.3
澳　　洲	853	12
台　　灣	315	－30
印　　度	364	38.5
印　　尼	33	－90
香　　港	189	6.2
泰　　國	81	－58
馬來西亞	142	－30
新 加 坡	164	－19.2
其　　他	192	－30
合　　計	4,689	－6.7

資料來源：愛迪西（IDC）

表3-5

六升級到五八六所帶動的需求是百分之百來估計，假使初次更換所帶動的需求是四〇％，連同軟體，全球起碼就有六千億美元商機，而這股買氣將會在一九九九年上半年二或三月間引爆出來，最大受惠者是零組件如光寶、達電、華通、鴻海、華碩、通路聯強、宏科、軟體精業。

即使一九九九年下半年至公元二〇〇〇年因千禧年逐漸來臨，致電腦買氣觀望，也無需太過悲觀。全球網際網路及中國大陸新興市場的興起，對電腦有一定程度的需求，而且另一波更強烈全面引爆電腦買氣，將會在公元二〇〇〇年第三季中期後出現，顯示買氣觀望的空檔祇有不到一年。

切記：未來十年大陸是全世界僅次於美國的第二大個人電腦市場。

以一九九七年爲例，大陸個人電腦市場銷售量爲二百七十萬台，較一九九六年的一百八十五萬台大幅成長四五％，往後如果每年以四十％的速度成長，至公元二〇〇〇年銷售量將高達七百四十萬台。

一九九八年第二季亞太電腦市場銷售量較去年同期衰退五％，衰退幅度較年初預期的一・四％來得高。

但是，大陸一九九八年上半年個人電腦市場仍有二十八％成長率，使得大陸聯想集團第二季在亞太電腦市場排名，首次擠下宏碁電腦，而躍居第四名。（前三名依序爲康栢、IBM、HP.，康栢是因購併迪吉多，使得銷售量明顯成長。）

大陸聯想集團會擠下宏碁，成爲亞太第四大電腦廠商，主要是因爲在大陸握有相當大的市場版圖，而大陸又是亞太市場重鎮。聯想在大陸市場穩居冠軍寶座，便等於在亞太市場上跨出了一大步。

4

跨世紀明星產業

兼論台灣未來明星個股

電腦科技、通信、娛樂科技、生化科技、環保科技，

是跨世紀的五大明星產業。

「江山待有人才出，獨領風騷有幾人？」

誰能率先掌握趨勢，就是跨世紀最大的贏家。

二十世紀以來，美國就一直穩坐全球最大製造業的霸主地位。

然而，自九〇年代共產主義國家相繼垮台後，一個自一九七八年來即實行改革開放、具有社會主義特色的市場計劃經濟的中國大陸，竟然崛起。

中國大陸改革愈開放、愈深入，實際上走的是與西方自由世界完全一模一樣的資本主義，也代表著一條不歸路。

一九九七年中國大陸貿易順差六百億美元，主要以輸美爲最大宗，美國是其最大貿易夥伴。一九九八年一到八月大陸外貿順差仍有三百十三億美元，顯然一九九七年下半年起東南亞金融風暴，對大陸外貿出口尚未帶來任何不良效應。

中國大陸截至一九九八年第二季爲止擁有一千四百億美元外匯存底，僅次於日本的二千一百億美元，是全世界擁有外匯存底第二大的國家，而中國大陸外債約有二千億美元，隨著香港的加入，已經變成有雄厚經濟實力的強權。

中國大陸低價勞工的成本與東南亞其他開發中國家薪資差距不大，但中國人喜歡賺錢，一天到晚不停的工作，一週工作七天，只有在國定假日才休息，也是中國大陸一九九八年對美貿易仍有十八％成長率，經濟成長率也有七％的主要原因。

一九九八年上半年在人民幣未貶的情況下，中國大陸的外貿表現比幣值已經劇貶的東南亞國家還要出色。

一九九八年日本經濟衰退應該已經到了谷底，且日圓自一九九八年第二季以來已經劇貶二十%，使日本外貿順差因而擴大，並且進一步解決其國內金融機構不良債權問題。預期一九九九年日本經濟可望有一%的成長率，日本經濟復甦是亞洲的希望。

中國大陸則正逐步取代東南亞，成爲全世界人工成本最低廉、生產腹地最大的基地。它還將取代美國，成爲全世界最大製造業霸主。

然而，共產主義仍是主宰中國大陸的唯一思想。只要共產黨執政一天，老百姓的思想箝制就解除不掉，這一點及長期來大鍋飯的共同心態，將是中國大陸無法順利跨入高科技產業的二大致命傷。

科技講究的是人才，要有創新、設計、研發的能力及行銷策略，且產品的生命期短。這是科技業的特色，在共產主義之下生活的人要學會不是那麼簡單，起碼要再經歷一個世代。

換言之，公元二〇二〇年後，中國大陸才會有自己揚名於世的科技產業。

中國大陸自一九九〇年以來挾著改革開放，大力發展基礎及塑膠、化纖工業。這些工業產品二十、三十年來的製程並沒有改變，不需要有任何創新方法再創造，所以，中國大陸可以挾著低廉人工成本及低廉原料成本，席捲東南亞市場。

但是，科技就不是那麼一回事。我記得某上市公司老板就舉過一例：大陸的工人用軍事管理，把他們集中起來很容易，但是，若碰到生產流程的改變、模具的更換、樣品的重新設計等，大陸的管理幹部無論你再怎麼教，他還是學不會，只好從台灣做一個現成的，派人帶過去套上。經他深入研究的結果，認爲共產黨的思想控制太厲害、太可怕了，老百姓中毒之深甚至到腦袋有點「秀逗」了。

因此，台灣不必怕中共發展科技，只要把關鍵零組件技術、高附加價值產品及研發設計中心留在台灣，其他的儘可能移到對岸，利用低廉的勞工及龐大生產基地，來尋求降低成本及產業的擴大。

中共有能力發展的只有十足成熟的產品，如監視器、掃描器組裝電腦這些不具競爭力產品，再要進一步深入零組件、筆記型電腦等牽涉到研發、設計、創新能力時，中共絕對做不來。只要中共有意介入高科技，未來台商可趁勢利用當地資源進一步累積實力，只要牽制住，對台灣的依賴就會更深。

毛澤東「多子多孫」的政策，造成現今中國大陸十二億人口。正因爲其人多，台灣電子中概股才能以「取之不盡，用之不竭」的低廉勞工成本，配合產能不斷擴大，經濟規模產量愈大，而這將是未來台灣在兩岸科技產業競爭中的最大優勢。

(一)電腦科技

無可否認，美國在科技領域仍然穩居領導地位，尤其在軟硬體的創新與發展上，更是冠居全球。

在全球化的趨勢下，新興工業國家對科技的需求在下一世紀將會達到新的高峰，二十一世紀明星產業仍然會是由軟硬體所組合而成的新科技所主導。

(二)娛樂趨勢

二十一世紀的娛樂業正處在一個關鍵的轉型階段。現在的多媒體業者正致力於新舊科技的結合，這些整合將使資訊的傳達更為輝煌。

誰能掌握二十一世紀娛樂趨勢!?凡能夠將想像空間帶入生活的科技業者，將會有大豐收。譬如好萊塢動畫設計最大的電腦程式設計公司SGI，由於電腦特效設計的成功，使該公司代表作《星際大戰》與《侏儸紀公園》大受歡迎。

在好萊塢，任何能帶來生活想像空間的科技電影都有保證票房。如果這是事實，那麼任何能夠將想像空間帶入生活的科技業者，將會有大豐收。

㈢通信趨勢

通信業在先進國家不算什麼，以美國爲例，每一百人中就有五十五條電話線路，在瑞士每一百人中就有六十五條電話線路，在瑞典則是七十條。

但是，就中國來說，每一百人電話線路才只有一條，全國才只有二十萬條線路。

所以，北京政府希望在公元二〇〇〇年之前，將電話線路增加爲現在的四倍，由二十萬條增加到八十萬條，由此可想像中國土地之廣大。這六十萬條線路就相當於現在英國電話線路的三倍。

但到了公元二〇〇〇年，中國每一百人平均線路仍不過是四條，而英國則已經有四十四條，是中國的十倍，僅僅隔一條邊界的香港，每一百人電話線路則是四十九條比英國還要多。

如果中國要把電話線比率提高到和香港一樣的話，那麼它所需要增加的電話線路是六億條，數目夠驚人的吧！

所以，中國目前依賴香港電信的幫助，先將鄰近香港的幾個省份帶入通訊時代，並間接持有香港電信十七・五%的股份。

由上可知，目前全球大哥大前四大生產廠商如摩托羅拉、易利信、諾基亞、西門子都在中國設立重要的據點，爲的是先搶盡商機。

所以，台灣生產通訊用PCB的楠梓電、燿華、耀文，中長期在展望樂觀的情況下，應具有投資價值。

(四)生化科技

不論是治療疾病或是培育更好的蔬菜，生化科技公司都正在日新月異的研發，嘉惠全世界成千上億的人。

未來一百年，預估全球人口將成長一倍，且主要在落後國家成長，所以食品的供應及製藥業者便開始面臨最大的挑戰，如何充足供應未來在食物以及醫療上的龐大需求，所幸在農業科技及生化科技不斷追求解決之道下，已有令人滿意結果。

任何生物都有基因，包括蔬菜與水果，數千年來人類不斷精進繁殖方法，利用大自然環境爲最佳基因工程師，隨著環境的改變，讓動植物爲適應生存而不斷地進化。

生化科技，就是製藥的研發，以改善環境及增進人類生活。

全球最著名的生化公司北歐諾沃（Novo-Nordisk），最早由動物胰臟內提煉出來的一種荷爾蒙，經醫學界發現爲胰島素可以治療糖尿病後，諾沃在一九二五年就開始製造胰島素，目前供應全球三分之一的需求量。

在二次大戰期間，諾沃就開始從動物的汗腺提煉酵素，以提供工業上的各項用途。今天諾沃是全世界第一大酵素供應商，提供全球一半需求量。

諾沃對人類最大貢獻就是盤尼西林，是第一家將盤尼西林商品化的廠商，最近又取得一種抗血栓藥物「肝素」的專利權。

諾沃是一家丹麥公司，近十年來股價漲幅五倍，到一九九八年八月仍然呈現長期上升趨勢不變，是全球生物科技基金中必備的投資組合。

(五)環保科技

人類環保意識的覺醒，已經爲全球的商業創造了新機會與挑戰。

在環保意識抬頭下，工業製造的環境污染問題，已促使立法當局開始著手以嚴格立法管制污染及保護環境。這些作法使能接受新法規，並且調適生產過程，能有效經營的企業將可以繼續生存，但因新立法而無法生存的美國工業，對其海外競爭者來說則是福音。

所以，未來會出現一種特殊行業，即專精污染控制與資源回收的公司。

上述五大科技是跨世紀的五大明星產業。

美國著名《財星》雜誌於一九九八年八月十七日出刊的那一期，就整理出無論多空都禁得起時間考驗的十大好股。這十家公司是迪士尼、花旗銀行、家庭產品藥廠、默克藥廠、微軟、思科系統、

1998年8月美國《財星》雜誌
推薦未來10大明星個股

排名	公司名稱	未來3-5年平均淨利成長率(%)	行業別
1	迪士尼	18	娛樂科技
2	花旗銀行	15	金融服務
3	家庭產品藥廠	20～25	生物科技
4	默克藥廠	16	生物科技
5	微軟	25	軟體科技
6	思科系統	30～35	網路科技
7	衆國銀行	13	併購
8	Norwest	13	金融服務
9	AXA	22	保險
10	Alcatel	24	通信設備製造

表4-1

衆國銀行、Norwest、AXA、Alcatel。

就行業別來分析，屬於電腦科技有二家，不過並非是硬體製造商，而是軟體與網路各一家；生物科技有二家；娛樂科技與通信科技各一家；金融服務二家；專門從事併購的一家；保險一家。

表〔四—一〕，詳細分析了這十家公司未來三至五年的平均淨利成長率。

根據美股過去七十年的統計，每年平均報酬率約十一%，但過去四年來美股年報酬率則高達二三%。

若以過去四年年報酬率二十三%爲基準與七十年來每年平均報酬率十一%，取中間值十八%來進行試算，假設現在投資一千美元，則十五年後本利和爲一萬二千五百美元；即使反過來悲觀些，僅取八%，則爲三千二百美元，仍較本金多出二倍半，可見時間複利效果的驚人。

投資大師巴菲特在投資一支個股時，會從各方先搜集資料、研判、確定其未來的成長潛力，然後採取長期持有的策略。他有一句名言：「如果你不想持有某支股票十年，那麼連一天都不要持有。」句中那句十年，有次我曾對一位好友開玩笑的說：「對台灣的投資人應改爲一年。」

在台灣，如果跟散戶說某某股票可以長期投資，希望他長抱一年，相信九十％散戶投資人聽到都會瘋掉的。

實際上，台灣股市進入成熟化、老年化之後，大盤及個股波動必然會趨向狹小，長期投資必然會取代短線操作。這是一個趨勢，如果不去適應它，你將會被市場淘汰。

長期投資的定義是什麼？要具備下列二項條件，才是屬於適合長期投資的個股：

(a)每年稅後淨利成長率要高於同類股平均成長率，表示是屬於追求極大稅後盈餘的公司。

(b)每股盈餘成長比營收成長還要重要。

符合上述二要件的公司，就是值得長期投資的績優股，持股期間保證起碼可安心持有一年以上。

美國有十大明星個股，台灣未來十大明星個股又會是誰呢？

我個人推薦下列十支：電子中概股光寶、達電、鴻海、ＰＣＢ龍頭華通、ＩＣ代工龍頭台積電、筆記型龍頭廣達、生化製藥永信、電子化學特用化學兼原料藥永光、美國概念股年興、娛樂科技六福。

光寶、達電、鴻海、華通、廣達前文已都有介紹，不再重覆，以下將分析台積電、永信、永光、年興、六福這五家公司。

(1)台積電

台積電一九九八年第一季營收一百五十七億三千六百萬元，稅後純益六十九億四千七百萬元，稅後純益率四四%，第二季營收一百十六億元，稅後純益三十七億五千八百萬元，稅後純益率三二%，上半年累計稅後盈餘達一百零七億元，稅後純益率三九%。

台積電第二季產能利用率降到七五%，其中，六吋二廠的兩個模組產能利用率分別爲九六%及六九%，八吋晶圓三、四、五廠的利用率分別爲六三%、七三%、三九%，下滑的幅度很平均，IC設計公司及IDM廠的訂單都同步減少，而並非IDM廠的訂單特別減少。

台積電目前業務在IC設計公司與IDM廠的比重，一直都維持在七成與三成之比，而且第二季IDM廠的營業比重爲三十%，還比第一季二七%多。

所以，外傳像IBM這種IDM廠加入晶圓代工業務會對台積電造成衝擊，目前看來並不成立。

台積電一年多來積極爭取IDM訂單，由於牽涉到內部的策略，還需一段時間才能看得出成果。

雖然目前IC不景氣，促成許多IDM廠如IBM、三星電子等加入晶圓代工業務，由於這些IDM廠釋出的產能以○・五微米與○・六微米爲主，較好的製程如○・二五微米，仍然是以生產自己產品爲主。

所以，這些IDM廠代工價格仍然無法與台積電競爭，最主要的原因在於晶圓代工是項服務事業，IDM廠仍然無法放下身段提供給客戶最好的

台積電1997~1999年
產能擴充計劃

單位：千片／月

廠商	吋	97／12	98／12	99／12
Fabl	6吋	22	22	22
Fab2A	6吋	45	45	45
Fab2B	6吋	45	45	45
Fab3	8吋	40	40	40
Fab4	8吋	25	30	30
Fab5	8吋	–	20	35
Fab6	8吋	–	–	10
Wafer Tech	8吋	–	10	25
6吋等效	–	228	290	361
成長率	–	–	27.4%	24.6%

表4-2

服務。

即使美商ＩＢＭ大舉切入晶圓代工業務，在設計服務及專利權上有較多的優勢，但台積電在製造技術上已沒有落後，加上價格及服務等競爭力，競爭優勢不見得會居下風。

台積電一九九八年產能成長率二七・四％，一九九九年產能成長率則爲二四・六％。台積電的製造技術與英特爾同步，○・三五及○・二五微米已進入量產，而○・一八微米製程將於一九九九年四月量產，比原定的公元二○○○年提早一年，包含銅製程的○・一八微米製程則於一九九九年年底生產。

台積電一九九八年上半年營收約二百七十三億元，稅後盈餘一百零七億元，假設下半年維持上半年水準，由於預期晶圓代工景氣可望自九月份溫和回升，並持續到年底，則一九九八年營收預估五百五十億元，稅後盈餘應有一百八十億元，以六百零四億元之股本計，稅後盈餘ＥＰＳ約三元，以本益比二十倍，六十元以下，具有長期投資價值。

展望一九九九年，台積電產能成長率二四・六％，且預期ＩＣ代工景氣可於第二季復甦，以一九九九年產能滿載營收約九百三十億元，產能利用率能達到八五％，則預估一九九九年台積電營收七百九十億元，稅後純益率以三八％預計，則稅後盈餘約三百億元較一九九八年一百八十億元要成長五○％以上。

台積電產品製程比重規劃

製程	1997	1998	1999	2000
＞＝10um	12%	9%	7%	6%
0.8um	11%	7%	6%	5%
0.6um	21%	15%	12%	9%
0.5um	32%	17%	11%	7%
0.35um	23%	41%	40%	30%
0.2um	—	10%	25%	37%
0.18um	—	—	—	6%

表4-3

台積電股價月線

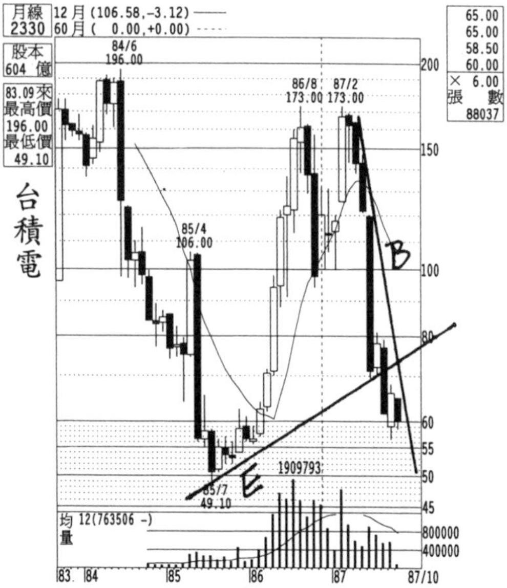

圖4-1

所以，六十元附近台積電具有長期投資價值，破六十元屬於超跌，就本益比而言，以一九九九年預估稅後盈餘三百億元就一九九八年底股本六百零四億元，每股稅後EPS五元，未來上檔一百二十元附近是沈重壓力，因一百二十元就一九九九年稅後EPS五元而言，約二十五倍。

(2)永信

隨著生物技術受到國內企業界重視，包括食品、農業、化工、製藥等相關領域廠商紛紛投入生技產業，像愛之味斥資十億元設立生化科技事業部，津津轉投資活力得公司從事健康食品研發和銷售，台糖編列二十億元準備引進生物技術，台鹽提撥六千萬元擴大新產品的研發，菸酒公賣局則積極開發釀酒廠微生物保健食品計劃。

製藥業也不落人後，包括中化將醱酵研究所升格爲生物科技研究所，葡萄王擴編生物工程中心推出多項保健產品，生達斥資三億元進駐台南科學園區設立生物科技製劑廠，永信計劃利用基因工程生產血液製劑，台灣永光跨入前列腺素原料藥生產，興農與工研院合作開發心血管用藥。

永信是我國第一大藥廠，獲利能力一向優異。一九九七年毛利率近六九％，高於同業生達的五四％、中化的二八％，一九九七年營收二十三億八千七百萬元，稅後純益三億八千一百萬元，每股稅後EPS二．六九元。一九九八年上半年營收十二億六千九百萬元，稅後純益二億六千九百萬元已達成目標五億五千萬元的四九％，以一九九八年底股本十六億九千七百萬元計，每股稅前EPS一．五九元。

一九九八年永信預估每股稅前EPS二．八三元，略低於一九九七年的三．一五元，主要是這幾年鉅資投入研發及設廠的各項新產品，尚未開始量產，經營績效尚未發揮所致。

藥品價格隨著上市時間愈長

1997～1998年國內應用生物科技之相關企業

應用範圍	企業名稱
食品工業	愛之味、津津、台灣卜蜂、台糖、台鹽
生物性農藥	信東、好力多、富農、源泉、郁偉、亞聯科技
動物疫苗	高生、台灣家畜生化、國光血清
原料藥	駿祥、唐誠、環球基因、祐益
檢驗試劑	普生、永進、元生、三泰、台富、三生、啓祥、太達、標佳
生物感測器	博達、大易、喬聯、耀寬、頻率、敬穩
健康食品	中化、永信、生達、葡萄王、津津、愛之味、台糖
藥品	統一、菸酒公賣局、永信、興農、健亞、華健、台灣永光化學、和桐化學

表4-4

而逐步調降，必須不斷研究開發，才能確保獲利空間。新藥一旦開發成功，毛利率動輒高達七十至八十%。

永信一九九八年第四季起將依序有新廠完工量產、新藥上市，及中長期斥資十五億元研發血漿製劑的利多題材。

(a)一九九八年第四季起研發及建廠完成的新產品降血脂劑正式推出，該廠有二座五十噸發酵槽，七月通過查廠驗證，九月試車量產，十月起產品正式上市，預期一九九九年第一年產值滿載約六億元，銷售額約三億元。

(b)新的抗生素藥廠於一九九九年第一季完工，第一年銷售額約二至三億元。

(c)轉投資事業方面，大陸崑山廠預計於一九九八年第三季完工，第四季量產。目前永信已取得六張藥物生產許可證，預估一九九九年營收爲二千五百萬人民幣，可正式轉虧爲盈，美國廠則預估最快在第四季可取得美國FDA認證量產，更可進一步提升企業形象。

(d)中長期利多則是該公司研製的抗血脂劑 Lovastatin，將斥資十五億元，透過經濟部主導性產品開發，進行研製。

Lovastatin 是 Simvastatin 製劑的原料，可經由化學合成方式將 Lovasatin 轉變爲單價排名全球前十五名的高價藥 Simvastatin 製劑。Simvastatin 與 Lovastatin 製劑是目前全球抗血脂與降膽固醇藥物的翹楚。

永信研製的 Lovastatin 品質檢驗完全符合美國藥典最新版 Lovastatin 的規格。該公司正進行多部五十噸醱酵槽的建造，一九九八年底可完工。

不過，Lovastatin 有專利權限制，在公元二〇〇一年之內僅能自產自用於國內市場及提供國外藥廠作試劑研究為主。公元二〇〇〇年國內需求量約二千九百二十公斤，而該公司產量為五千公斤，每公斤單價二千五百美元，預計國內市場銷售額二億五千萬元。二〇〇二年後專利權限制解除，就可大量出口到國際市場，所以，該公司預估公元二〇〇四年時 Lovastatin 年產量約一萬二千公斤，預估屆時每公斤單價降為一千五百美元，年銷售額為新台幣六億元。

所以，永信一九九九年在新藥降血脂劑上市及抗生素亦可望在一九九九年推出，一九九九年營業額可較一九九八年增加四億五千萬元，且新藥毛利率高達七〇至八〇%，純益率五成，可增加稅前純益二億二千五百萬元左右，故推估其一九九九年營收可達三十億五千萬元，稅前純益七億元，以一九九八年底股本十六億九千七百萬計算，每股稅前EPS四．一二元。永信公元二〇〇〇年營收在抗生素完全量產及新藥 Lovastatin 正式供應國內市場的情況下，可增加銷售額二億五千萬元，營收估計可達三十五億元左右，稅前純益九億元較一九九九年的七億元可再成長三○%。

永信一九九九年及二○○○年營收及稅前純益預估皆呈現高成長狀態，而且尚未包括海外轉投資事業如中國大陸崑山廠、美國新廠等投資效益對母公司貢獻度，故未來二年實際獲利會較預估數字來得高，故其股價有回到七十元附近即具長期投

永信股價月線

圖4-2

資價值。以美國生物科技股合理本益比高達三十五倍來看，推估未來其股價有看漲一百二十元實力。

⑶永光

過去僅生產染料的永光化學，近年來積極進行多角化經營，陸續跨入電子、特用及醫藥化學等新領域。一九九七年該公司在色染、特用化學、醫學品、電子化學及氟化學品等五大產品事業部建立後，已經明確勾勒出跨世紀的營運方針。

永光以自有品牌銷售染料給國內外皮革及紡織染整廠，目前內銷比例三成，其餘七成外銷，其中歐洲、亞洲地區銷貨比例約各佔四成，美洲地區佔二成。

由於我國加入WTO後的染料關稅訂為六・五％，以目前染料進口關稅僅五％來看，未來不僅不受入惠後的衝擊，相反的，在其他高稅率國家必須調降關稅情況下，永光之國際競爭力更加有力。一九九八年底永光染料產能二・六萬噸，生產二・四萬噸及銷售二・二八萬噸，銷售值為四十二億元。

永光以生產高單價、高技術的反應性染料為主。國際服裝界所用的紡織品，常需要透過一種特別處理的染料，使其效果更佳，這便是反應性染料。永光是世界前十大反應性染料廠，也是國內唯一能生產者，在亞洲地區也僅有日本及韓國各有一家競爭對手。

也因此當永光一九九七年反應性染料營收佔染料總營收六八%後，其營益率跳升到十四．二%，呈現明顯成長。

一九九九年第一季在第一廠擴廠四千噸產能加入後，預估可爲該公司帶來年近十億元營收，使整體總產能達三萬噸，二〇〇〇年第三季二廠擴廠完工後，當年可增加一千五百噸產能，二〇〇一年將增爲三千噸，二〇〇二年再增爲四千噸，二〇〇三年則可達到滿載五千噸，且全部以高單價高技術的反應性染料爲主。

一九九九年永光染料年產能就可達到三萬噸，有機會成爲世界第四大染料廠。

光安定劑的主要用途，在於使塑膠製品不至於發生脆化。一九九六年國內光安定劑總生產量約有一千噸，永光即佔總生產量的八成左右；而全球市場需求量約三萬噸，永光佔的供應量約三．八%，還極具發展空間。永光計劃公元二〇〇〇年擴產至一萬一千噸，營收預估二十億元。

而在原料藥開發上，永光爲製造前列腺素（主要用途治療胃潰瘍）的主要廠商，從一九九四年開始研發，一九九五年與國外廠商簽訂技術移轉合約，一九九八年第二季建廠完成後開始生產，目前已有少量外銷到南韓，只要取得美國FDA認證通過即可大量外銷到國外藥廠，一九九九年銷售額約二至三億元，二〇〇〇年營收可達十五億元。

在ＩＣ光阻劑（ＩＣＰＲ）方面，永光是與工研院簽訂合作計劃，合約期間自一九九六年二月一日至一九九八年二月一日止，爲期二年。永光在研究完成後可無償使用該技術資料，若由此技術所獲得之專利權等智慧財產權，則由雙方共有，且在應用此技術的五年內須以產品營收的二％贈與工研院作爲技術研究費用。永光ＩＣ光阻劑廠已於一九九八年第三季建廠完成，九月試車，第四季正式量產，一九九九年營收三億元。並計劃擴增到三條生產線，預計至公元二〇〇〇年營收可達十億元。而目前台灣每年ＩＣ光阻劑的市場約有四十三億元，全數依賴進口。

由於原料藥及ＩＣ光阻劑皆屬高利潤率產品，比傳統染料營益率十五％起碼要高出一倍以上，達三十％。

永光一九九八年營收五十億元，稅前純益六億元，預估一九九九年第一季染料一廠擴廠四千噸產能完工量產後，年增營收十億元，獲利一億五千萬元，原料藥營收三億元，ＩＣ光阻劑營收三億元，原料藥及ＩＣ光阻

永光2000年
營收及稅前純益預估表

單位：億元

產品別	2000年營收
染料	50
光安定劑	20
醫藥原料	15
IC光阻劑	10
冷媒	5
總營收	100
稅前純益	13～15

表4-5

劑以平均獲利率二五％計算，獲利可估一億五千萬元，一九九九年營收預估六十五億元，稅前純益八至九億元較一九九八年六億元大幅成長三三至五○％，以一九九八年底股本三十億六千九百萬計算，每股稅前EPS二・九三元。永光公元二○○○年在染料、安定劑、原料藥、IC光阻劑全面發揮量產效益下，預估營收一百億元，稅前純益則可達十三億至十五億元，較

永光股價月線

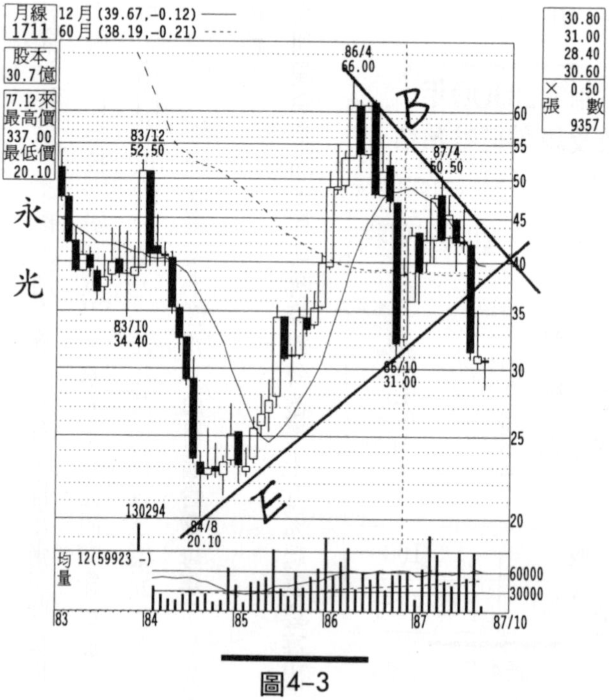

圖4-3

一九九九年八至九億元大幅成長四五至六〇%，以一九九八年底股本三十．六九億元計算，每股稅前EPS四．二三至四．八八。

永光因未來二年基本面可望大幅成長，故股價三十元附近即具有長期投資價值。在業績發酵下，其中長線股價必將突破一九九七年四月高點的六十六元。

(4)年興

這幾年美元的強勢，也造成美國傳統工業對外競爭力大幅衰弱，其中以成衣業受創最嚴重。

在美元強勢貨幣主導下，成衣業在美國已經是屬於夕陽產業，從業人員長期以來呈現日益減少的趨勢。一九九八年，除了少數地區外，整體成衣業減少雇員的趨勢更出現了加速的狀況。

據統計，一九九八年六月全美成衣和紡織業的從業人口爲七十七萬四千人，比一九九七年十二月時足足減少三萬四千人，主要原因有：

(a)許多企業把生產線移到墨西哥的工廠。美、墨有自由貿易協定，由墨西哥生產地進口的產品視爲免稅。

(b)亞洲貨幣大幅貶值後，許多產品物美價廉，美國許多廠商於是減少生產，改以進口亞洲產品替代。

電子中下游有替國際四大廠代工的業務，年興墨西哥廠替世界著名牛仔布（褲）廠代工，其身份與地位與電子中下游代工大廠是一樣的。

所以，年興墨西哥廠不僅可爲年興帶來相當高的獲利，也確立了年興在全世界的牛仔布（褲）廠的代工地位。年興持有墨西哥廠七五％股權。

年興一九九八年一至七月稅前純益爲六億四千萬元，已達成全年目標十億五千萬元的六十一％，一九九八年實際稅前盈餘應有十一億元實力，比十億五千萬元有小幅超越實力。

年興墨西哥廠第一期已於一九九八年七月完工量產，月產量一百一十萬碼牛仔布，年營收可達十億元新台幣，第二期則預計一九九九年七月完工量產，月產量一百十萬碼牛仔布及六十萬碼牛仔褲，年營收可達十五億元新台幣，第三期規模最大，預訂於二〇〇〇年七月完工量產，月產量二百二十萬碼牛仔布及一百一十萬碼牛仔褲，年營收可達三十五億元新台幣。

由上述分析，公元二〇〇一年墨西哥廠三期全能量產，年營收可達六十億元新台幣，稅前純益十八億元，而年興持有七五％股權，可認列收益十三億五千萬元，加計台灣母廠及尼加拉瓜廠每年可帶來的十二億元稅前純益，到了二〇〇一年，年興稅前純益可達二十五．五億元，以一九九八年底股本二十五億元計算，每股稅前ＥＰＳ十．二元。

年興預估一九九九年稅前純益十五．八億元，較一九九八年十二億元成長四四％，以一九九八年股本計算，每股稅前ＥＰＳ六．三二元，預估二〇〇〇年稅前純益二十一億元，仍較一九九九年成長三三％，以一九九八年股本計算，每股稅前ＥＰＳ八．四元，二〇〇一年稅前純益仍較二〇〇〇年成長二一％。由年興一九九九至二〇〇一年預估值未來看，三年平均淨利成長率高達三三％。

如此優異的獲利能力且兼具績優小型成長股的年興，即使身列傳統產業股，我個人仍然

年興1999～2001年
稅前盈餘預估表

單位：億元

年度	台灣母廠+尼加拉瓜廠(A)	A稅前純益	墨西哥廠營收(B)	B認列稅前純益	A+B
1999	40	12	17	3.8	15.8
2000	40	12	40	9	21
2001	40	12	60	13.5	25.5

註：年興持有墨西哥廠75%股權，按權益法入帳

表4-6

認爲應給予視同高科技類股的本益比二十倍，對公司經營能力的肯定。目前股價在六十元附近，破六十元即屬於超跌，即具有長期投資價值，中長線在墨西哥廠投資效益逐漸發揮下，股價應有百元以上實力。

(5)六福

在台灣並沒有像具有日本迪士尼、新加坡聖淘沙、印尼峇里島、泰國普吉島、韓國華克山莊等吸引人前往的休閒觀光據

年興股價月線

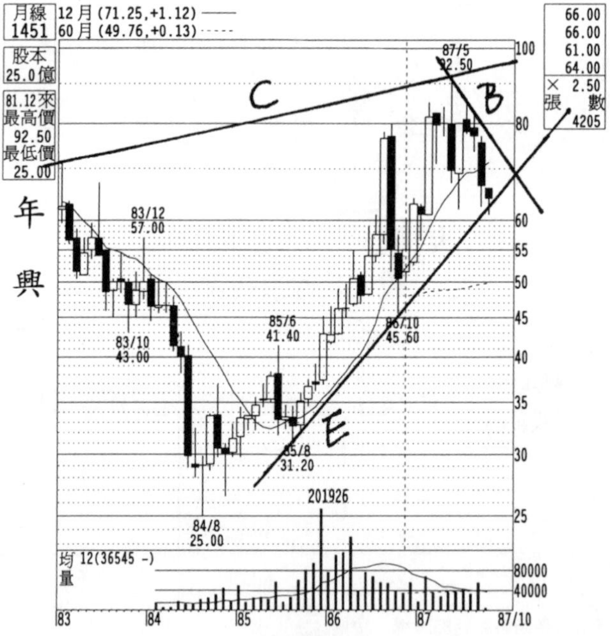

圖4-4

點。

台灣觀光景點僅能做一日遊，而且大部分的遊樂欠缺持續號召力，無法讓人有去了還想再去的念頭，這也是台灣觀光旅遊業在失去北投溫泉鄉色情號召後，每年來台的外國觀光客呈逐年減少的趨勢。

就以國內目前著名的遊樂區來說，僅能提供一日遊的服務，除了在週休二日及國定假日、寒暑假吸引大批遊客之外，平常只有學校的活動如畢業旅行或是公務機關舉辦的特定活動業務，並無法吸引更多國人利用平常時間前去度假，這是台灣遊樂區現行應思考如何突破困境的主要原因。

六福自一九九五年六福村開發爲主題遊樂區以來，當年度不僅轉虧爲盈，且稅前純

1996~1998年前五大遊樂區遊園人數變化分析

單位：人次

名稱	1996	1997	成長率(%)	1997年第1季	1998年第1季	成長率(%)
劍湖山	1,379,703	1,657,024	20	427,349	728,098	70
六福村	2,306,769	2,039,198	−12	441,855	442,508	0
亞哥花園	564,941	831,221	47	253,697	200,699	−21
大世界國際村	*	411,938	*	98,899	181,504	84
東山樂園	539,543	502,102	−7	161,087	156,802	−3

註：*表示尚未啓用。

表4-7

益三億七千七百萬元，每股稅前ＥＰＳ三・三八元，而且一九九六至一九九七年連續二年在國內遊樂區遊園人數排名第一。但一九九七年遊園人口二百零三萬九千一百九十八人次，則較一九九六年二百三十萬六千七百六十九人次衰退十二%，顯示出遊樂設施若未能隨時推出新產品，則客源就會逐漸流失。

六福一九九六年稅前純益六億六千二百萬元，創歷史新高，每股稅前ＥＰＳ四・九八元；一九九七年稅前純益四億七千七百萬元，每股稅前ＥＰＳ二・八六元。

一九九八年第一季六福村受北部陰雨及腸病毒影響，遊園人次比去年同期零成長，且遊園人次退居第二名。

六福一九九八年上半年營收八・七三億元，而稅前純益僅二億九百萬元，較去年同期減少二・七九%，以一九九八年底股本二十一億六千萬元計，每股稅前ＥＰＳ○・九七元，故該公司於七月二十二日公告大幅調降財測，稅前純益由七億二千八百萬元降爲五億元，稅後純益則由五億四千五百八十六萬元降爲三億七千五百九十九萬元，每股稅後ＥＰＳ一・七七元。

我爲什麼看好六福一九九九年起業績會再創另一波高峰期，主要原因如下：

(a)阿拉伯魔宮將於一九九八年十二月完工、一九九九年啓用，配合一九九七年增加的大怒神、巨嘴鳥、大蟒蛇與魔鬼礦工四項設施，必將使六福村主題遊樂園於一九九九年再重新回到國內遊樂區遊園人口第一名，且我估計遊園人次必能突破一九九六年的二百三十萬六千七百六十九人次再創新高，估計阿拉伯魔宮開幕後，一九九九年可為六福增加稅前純益約四億元。

(b)六福向國壽包攬承租的五星級旅館「六福皇宮」與美國 Westin 酒店集團簽約，納入其全球的連鎖體系中。

以 Westin 其散佈全球的旅館皆可掌握來自連鎖訂房系統五十%的客源來看，則六福皇宮加入營運後，至少可從 Westin 系統取得來自全球五十%客源，營運更無後顧之憂。

所以，六福皇宮在一九九九年九月正式營運後，預計公元二〇〇〇年營收十三億元可達到損益兩平，二〇〇一年開始獲利。

(c)除了阿拉伯魔宮外，還計劃興建歡樂中國城、非洲大草原與歐洲小鎮三個主題村，及設立度假旅館，以開拓二日或三日遊。上述這些設施皆計劃在公元二〇〇〇年下半年開幕啓用。

由於六福村佔地二十七萬餘坪，是國內腹地最大的遊樂區，遠非劍湖山、亞哥花園、大世界國際村、東山樂園所能相比。

請閉著眼睛想像一下：公元二〇〇〇年下半年後六福村將初具美國迪士尼的雛形。這種具有國際架式的遊樂區才能吸引除了國內客源外，還有遠道而來的國際觀光客，公司業績才會呈現眞正的爆發力。

國民所得遠落後於台灣的泰國、印尼、韓國都具有吸引國際觀光客前往的魅力，連我國每年前往上述三個國家度假勝地遊玩的也有數

六福1994~2000年
稅前純益表

年度	股本（億元）	每股盈利（稅前）（元）	備　　註
1994	10.4	−0.17	本業僅以六福客棧、長春戲院爲主
1995	11.5	3.28	轉型開發六福村主題遊樂區，業績轉虧爲盈
1996	13.3	4.98	第一、二主題村加入，效益發揮到達高峰
1997	16.7	2.69	新遊樂設施籌備中，舊設備新鮮度漸退
1998	21.6	2.31	大怒神等四項新設施加入營運
1999		4.16	第三主題村阿拉伯魔宮開始運作
2000		5.09	阿拉伯魔宮效益發揮到達高峰、日式飯店開始營業

註：1999年及2000年每股稅前EPS係以1998年股本爲計算標準。

表4-8

十萬人。

如果六福在公元二〇〇〇年下半年後具有小型迪士尼樂園的架式，未來前景不可限量。

六福一九九八年每股稅前EPS二・三一元，以本益比二十倍來看，股價五十元即具有投資價值，破五十元屬於超跌。就六福而言，是台灣資產活性化指標，若轉型成功，股價長線可再回到百元實力。

六福股價月線

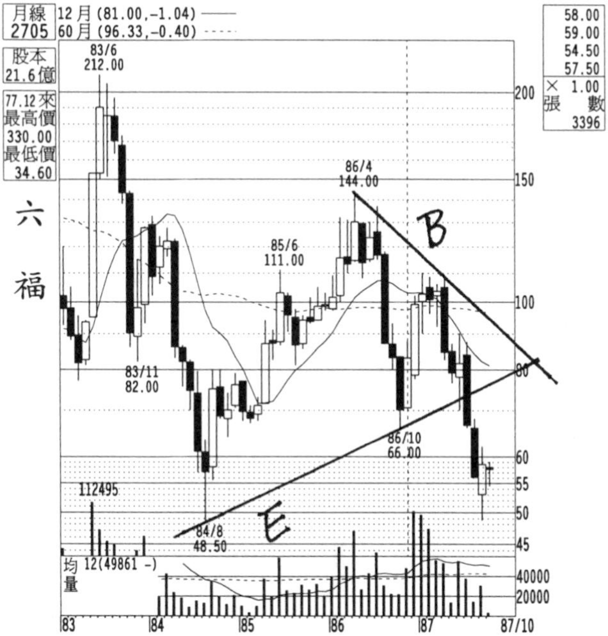

圖4-5

接下來要來談與本文無關的「三商銀未來的命運與還有沒有大行情」。因爲，在我接觸的朋友中，有人認爲三商銀還會有大行情，但有人則悲觀地認爲未來三商銀股價只能在五十元至七十元，呈箱形格局。

我並不願意弄個專文來談這個問題，但是，我將由美、歐金融股大漲的背後因素來談論三商銀，從基本面的角度來切入，也較符合現在全世界的投資主流——基本面。每股營收及盈餘能持續高成長、高獲利的個股才能擁有高股價，股價長期趨勢才能持續多頭走勢。任何人爲的拉抬、炒作，終歸會有幻滅「崩盤」的一日，而且會衍生很多後遺症。

以花旗銀行爲例，花旗銀行並不屬於單純靠存放款賺取微薄利差的傳統銀行，否則它憑什麼創造每年平均十五%左右的淨利成長率，無他，靠的就是金融服務。

你聽過花旗銀行信用卡吧！但是你可能不知道花旗銀行信用卡在台灣地區的發卡數量是僅次於中信銀，居台灣地區第二位，但是，花旗銀行信用卡平均每張消費金額比中信銀要多五十%，從這個數字，你就知道誰的效率高、賺的錢比較多。

花旗銀行在台灣地區就有這麼令人驚訝的績效，更何況是其他亞洲地區，再把它推及到美國、歐洲、加拿大、紐、澳等先進國家，你就可推知花旗銀行信用卡全球一年的獲利是多少了。據我瞭解是台灣所有已上市、上櫃銀行股（扣除保險類股）獲利總和的二倍，也怪不得十年來花旗銀行股價漲幅達十五倍。

但是，台灣的金融機構跨不出國門，只能在自己家裡內鬥，每年你生一堆兒子（新開分行），他也生一堆，我不甘示弱也來一堆，做的又是同一件事（存放款），這樣惡性競爭下來，後果只是把大家搞得筋疲力竭，誰都沒有拿到好處。

一九八四至一九八八年初我曾任職某金融機構（已上市）。當時在銀行任職，走在馬路上還頗被人家尊重，畢竟人家看我的臉色多吧！事隔十年早期的同事，現在有很多已升上分行經理，卻時常問我的一句話：「司馬兄，哪邊有好客戶，介紹過來，利率會算便宜點。」現在不景氣，有實力、信用好的客戶，寧可保守的多留一些資金在手上，以備不時之需，能不借錢就不借錢，不但不讓銀行賺利息，還把錢存在銀行生利息，而眞正想借錢的、需要借錢的，不是押品不足就是信用出了問題，怪不得我那些老同事連連慨嘆，現在在銀行上班，不但社會地位降低，還要四處低聲下氣，最重要的是要防小人以免被倒帳。

三商銀目前最大的隱憂在於「人」的問題，員工平均年齡四十歲以上，且任職十五年以上的人員不少，佔銀行員工總數的六〇%以上。人員老化，是三商銀未來發展最大

致命傷。

現在，新新人類第一志願不是高科技，就是他們認爲能展現能力、很酷的行業，如DJ、傳播、設計等，在金融界上班已經是新新人類第三志願以後的事。

沒有一流人才，加上沈疾舊疴，三商銀未來發展的曙光在那裡？我到現在都看不出來。

至於有人還一再強調三商銀資產雄厚，轉投資事業賣掉有幾百億元收益，以及開號子、開發資產啦！眞令人感到可笑，我覺得這些人頭腦已經迂腐，趕不上現在投資的主流觀念。

一九九八年台肥賣地，每股稅後EPS六．七九元以上，股價不僅漲不上去，還跌到五十二元；太魯閣一九九八年上半年處理土地，每股稅前EPS六元，但是股價照常殺到三十五元附近，主要就是不是靠本業賺來的，市場並不認同。

三商銀就算把所有轉投資事業通通賣掉，每家都各賺一個資本額，股價頂多短期上漲一下，而且保證不會超過十%，短線激烈反應過後，又會回復到長期下跌趨勢。

至於，三家商銀合併成一家是不是利多呢？這有什麼差別，就好像資產負債表中的借項加多少，貸項也一樣要加多少，以取得平衡，業績還不是一樣。至於人員更有好戲可看，各家銀行各有不同的文化、風格，硬要把他們湊在一起，絕對會出問題，何況老舊機構（不論是公民營都一樣）裡面人員的派系鬥爭本來就很厲害，三家併成一家，要分成多少派啊？

實際上，三商銀業績要再造高峰，不能只著重國內存放款業務。這些業務已經停滯、沒有再發展空間，唯一的辦法是尋求與全世界著名銀行相互投資、彼此交叉持股，利用

彰銀股價月線

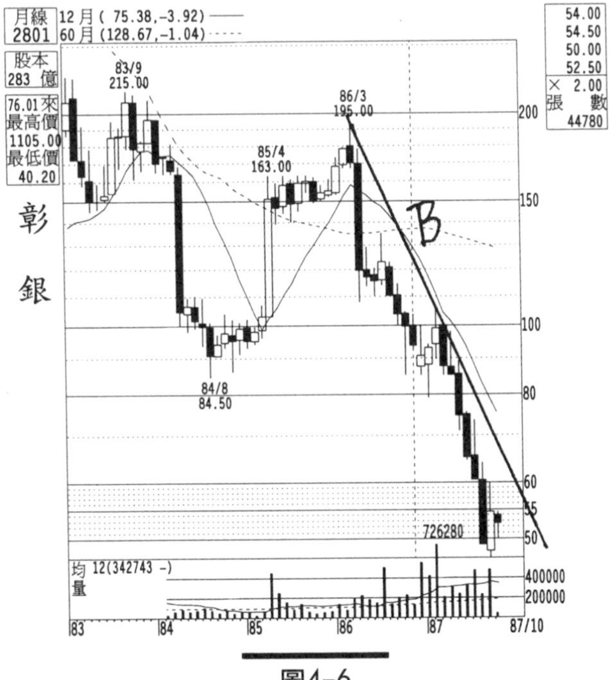

圖4-6

先進國家金融機構投資專長、併購及服務專長，徹底改造內在體質，並將內部迂腐的人事作某種程度改造，引進歐美金融機構的經營長才，經過一段時間，三商銀業績必能表現出不同的味道，股價才有「起死回升」之日。

我相信三家商銀中，在未來幾年必然會有人按照剛才提示的與國外金融機構策略聯盟。誰先動作，股價就會大漲。我的預言一定會實現。

5

技術分析跟著基本面走

基本面是決定趨勢的先導力量。

有基本面才有技術分析。

忽略了基本面，光是研究技術分析，

股價拉得再高，線型再漂亮，

祇要嚴重脫離基本面，將猶如「空中樓閣」般脆弱，

禁不起狂風暴雨的摧殘。

一九八〇至八八年美國雷根總統主政時期，採取擴張性財政赤字預算，投入大筆經費在國防預算上，促使國防科技化，增進武力。

一九八九年十一月柏林圍牆倒塌，相繼引起東歐共產國家的骨牌效應。一九九〇年八月底伊拉克侵入科威特；次年元月以美國爲首的西方聯軍，以最新科技電子戰，迅速將伊拉克趕離科威特。一九九一年十二月蘇聯垮台，各加盟國各自獨立爲國家，確認二十世紀結束之前，資本主義終究戰勝共產主義。

因此，一九九一至九八美國股市展開長達七年多的長期多頭市場，道瓊指數由三〇〇〇點漲到九三六七點，而且在漲勢過程中，沒有經過大波段A、B、C回檔修正走勢，頂多是一底比一底高的W底整理或者平台型整理走勢。

嚴格來分析，道瓊指數若由一九八四年七月一〇七八點爲起漲點，直到一九九八年七月九三六七點爲止，其波浪系數已經走到第九浪，即使最近由九三六七點回檔，祇要不破原始上升趨勢線，即一〇七八點所延伸上來的趨勢支撐約七五〇〇點，比一九九七年亞洲金融風暴後一九九七年十月所出現低點六九七一點略高，不破七五〇〇點，道瓊指數祇是在做第九浪、第十浪間的中段整理，長期多頭市場仍在持續中，甚至於一九九九年第十一浪可能會突破九三六七點高峰而漲到萬點之上。

道瓊指數月線走勢圖是完全不同於傳統艾略特波浪走勢分析，怪不得這七年多來，華爾街有許多著名分析師看空道瓊多頭走勢，卻老是被摔得滿地找眼鏡。

如果用總體經濟基本面來分析道瓊多頭走勢，或許能找出眞正的答案：

(1)波斯灣戰後，美國成爲世界新秩序的領導者確定，國防科技開始下放到民間，造成美國個人電腦與電子科技愈益精進，進而對企業的生產、研發、銷售等流程，帶來革命性的改變，使得企業成本大幅降低，獲利大幅激增。

(2)一九九二年柯林頓上台後，大力支持網路建設，促使電腦與網路進一步結合，不僅使電腦的功能加速，甚至成爲民間生活必需品，市場進一步充滿著無限商機。

若以道瓊指數一九九一年十月三〇〇〇點至一九九八年七月九三六七點指數漲幅三倍來看，高科技類股以直銷聞名的戴爾（Dell）漲幅近百倍，軟體業巨人微軟（Microsoft）漲幅五十至六十倍，半導體及微控制器（CPU）巨人英特爾（Intel）漲幅十倍，默克藥廠、普強藥廠漲幅也接近十倍，而美國最大網路設備製造商公司思科（Cisco）漲幅近百倍。就已公布的一九九八年第二季營收中，上述這些高科技公司大部份營收及獲利仍然不斷成長來看，道瓊股市長期多頭市場仍然不會輕易結束。

一九九八年第二季美國電腦市場銷售量成長十二％，而歐洲市場第二季電腦銷售則較第一季成長十九・五％，顯示出歐美電腦市場銷售極佳。

美國市場一九九八年第二季各電腦廠出貨量康栢（迪吉多）一一〇八千台，市場佔有率十四・四％，較九七年同期成長五・八％；戴爾出貨量一〇九〇千台，市場佔有率十四・二％，較九七年同期大幅成長七五％；其餘如ＮＥＣ市場佔有率八・五％，Gateway八・一％，惠普七・八％，前五大廠市場佔有率高達五十三％。

在歐洲市場方面，康栢一九九八年第二季出貨量比第一季成長二六％，佔歐洲市場十五・五％，比重居首。而戴爾第二季則超越ＩＢＭ，成爲歐洲第二大電腦名牌，出貨量比第一季成長七九％；ＩＢＭ則祇成長九％，居第三。第四、第五名則爲惠普、西門子。

由於戴爾在一九九八年上半年電腦銷售量都有極突出表現，股價由一九九八年初到一九九八年七月底漲幅高達一五六％，比康栢的二四％、ＩＢＭ二四％要高出許多。惠普則因一九九八年初以來業績逐季衰退，股價逆勢下挫二五％。

就軟體而言，思科一九九八年第二季盈餘五億二千二百八十萬美元，每股四八美分，較去年同期三十七美分大幅成長三六%。美國線上服務公司一九九八年第二季每股獲利二十三美分，比去年同期三美分巨幅成長。

即使美國政府採行法律行動或低價電腦趨勢，仍無損軟體霸主微軟強勁的獲利成長能力，每年都可保有二五%以上成長率。

思科一九九八年初起至一九九八年七月底，股價漲幅八五%，但同屬於網路設備製造商3COM則因策略運用錯誤，業績大幅衰退，股價下挫五十二%，但微軟卻上漲四九%。

電子科技加裝在汽車零配件上，使美國汽車工業這二年來銷售奇佳。福特、克萊斯勒一九九七年七月至一九九八年七月底的股價漲幅都超過一倍以上，通用汽車則有七六%漲幅。

因此，決定美國經濟是否持續繁榮，股市能否續走長期多頭市場，關鍵因素在於高科技電腦、網路、生物科技、娛樂科技的獲利是否能持續高成長、高獲利。

如果，單純以技術分析而完全忽略掉基本面因素，你絕對無法確實掌握道瓊一九九一年十月三〇〇〇點至一九九八年七月九三六七點的大多頭市場，而技術分析其它短線指標如KD、RSI、心理線、乖離率、MACD，要來應用到現今純以基本面爲主導的股市，反而會有「收之桑隅，失之東隅」之憾。

接下來，再來分析日本股市。日經指數自一九八九年十二月三八九一五點反轉進入長期空頭市場，到一九九二年八月最低點一四一九四點，再到一九九八年八月底，日經指數已經跌破一四〇〇〇點，到十月上旬一二九一〇點，六年多來日經指數長期在一四五〇〇點至二〇〇〇〇點箱形盤整，而且整理格局愈來愈小。一九九七年八月亞洲金融風暴之後，日經指數再度重挫到一四四八八點之後，一九九八年十月上旬又跌到一二九一〇點，未來有可能形成一三〇〇〇至一五〇〇〇點箱形格局。

日經指數由一九八九年十二月三八九一五點開始反轉走長空到一九九八年八月底，已經接近九年，主要是因爲泡沫經濟消失、日本地價重挫了五成以上。在一九八〇年代炒高的房地產由高峰下挫之後，以貸款購屋的民衆，不僅要苦嘗到資產價值縮水效應，而且仍然要分期付出本金與利息，生活痛苦指數急劇升高，以致國內消費低迷。

所以，儘管這幾年來日圓存款利率已經低到祗有一%，貸款利率也不到二%，且日本政府不斷提出各種振興經濟方案，從一九九〇年以來日本首相更數度更迭，卻從來無法恢復日本國民信心。而日本股市長期積弱不振，完全是因泡沫經濟消失後，導致國民財富縮水、國力消退所致。

如果純就技術分析角度，日經指數由一九八九年十二月三八九一五點反轉走長空到一九九二年八月一四一九四點，已經完全走完艾略特波浪走勢五波三大段的下跌走勢，然後由一四一九四點分a、b、c反彈修正到二一二八一點，然後再做另一個回檔修正a、b、c到一九九五年七月一四二九五點。

一九九五年七月一四二九五點至一九九六年六月二二七五〇點是多頭市場比較明顯時期，漲幅約五九%，初升段大一，但是由一九九六年六月二二七五〇點卻又開始走出長期盤跌五波三小段的下跌走勢，在亞洲金融風暴後，一九九七年十二月又至最低點一四四八八點。

技術分析，一九八九年三八九一五點至一九九六年六月二二七五〇點的長期下降趨勢線B，與一九九二年八月一四一九四點至一九九五年七月一四二九五點再至一九九七年十二月一四四八八點所連接而成的水平支撐線A，剛好構成下降三角形大整理，而這個支撐線約一五〇〇〇點，已在一九九八年八月底應聲跌破，殺到十月上旬的一二九一〇點。

就基本面分析，一九九二年三月日圓由七十八日圓兌一美元反轉走長空以來，到一九九八年八月初日圓已經貶値到一四五日圓兌一美元，巨幅貶値近八十％，主要是因日本國內內需市場長期不振，消費低迷，存款利率低達一％，以及日本政府於一九九七年開放外匯管制之後，民間資金寧可將資金流出國外，也不願聚集國內。

一九九一至一九九八年是日本海外投資最爲興盛時期，最大出路卻集中在東南亞地區，而不是往歐美先進國家發展。

所以，亞洲金融風暴發生之後，日本各大金融機構被倒掉、無法拿回來的不良債權高達一千億日圓，而日本國內金融不良債權也高達八十七兆日圓。金融危機嚴重，是日圓在一九九八年六月初貶破一三五日圓兌一美元之後，急速回貶到一四五日圓以上兌一美元的主要原因。

因此，若忽略不去重視日本人在東南亞投資失敗以及日本國內的金融危機，祇是從技術分析角度，就可能會草率認定一九九五年七月一四二九五點是日經指數另一次長期多頭市場起點，甚至由一四二九五至二二七五〇點完成初升段走勢之後，回檔到二〇〇〇〇至一七〇〇〇點時，有可能去加碼攤平、等待主升段來臨，哪知道碰到亞洲金融風暴來臨，一口氣再由二〇九一〇點重挫到一四四八八點，就線論線者的損失，一定相當慘重。

就個別股來分析，日經指數由一九八九年十二月三八九一五點至一九九二年八月一四一九四點，大部分的地產、金融股居然出現二次腰斬，輕者也較第一次腰斬價位再下挫三至四成。

反觀一些出口概念股，藉著日圓這六年來的長期貶值，營收及獲利不斷大幅成長，股價頻創新高，有些早就突破一九八九年十二月三八九一五點的歷史天價。

舉例而言，獲利持續十年創新高的豐田汽車，一九九七年會計年度獲利四十五億美元，股價早就突破三八九一五點天價，以一九九八年八月股價三五〇〇日圓距歷史天價三九五〇日圓不到十%。受惠美國汽車市場熱絡、業績甚爲突出的本田汽車，目前股價五一四〇日圓，距歷史天價五五三〇日圓，差距約祇有七%左右。

當然，同樣是汽車股但續效不佳的日產汽車，股價則持續創新低，不斷破底。

在日本主流電器及高科技股中，一九九七年會計年度獲利三十二億美元的新力(Sony)，一九九八年八月股價一一七七〇日圓，距歷史天價一三四九〇日圓，差距也祇有七%。

全世界最大筆記型電腦廠商東芝，一九九八年初以來股價逆勢上漲七%，以一九九八年八月股價五八三日圓而言，距歷史天價七四九日圓，大約還有二二%差距，其餘如富士通、松下電器，一九九八年初以來股價都有七%至十六%漲幅，祇有半導體廠如NEC、日立、三菱電機約出現十%至十五%跌幅。

當然，還有許多績優中小型外銷概念股，其股價漲幅遠比日經指數漲幅要出色，見表（五－一）。

日相小淵惠三上台後，重新啓用曾任日相的宮澤喜一擔任大藏大臣，宮澤隨即提出一份一九九九年個人所得稅由最高稅率六五%降爲四五%的減稅計劃，估計可減稅四兆

績優日股
仍有巨幅獲利表

日經指數與股名	1998年初迄7/23漲跌幅(%)
日經225種指數	8.77
牧田（工具機）	32.03
Best電器	39.34
三陽電器	27.21
奥村	66.36
大同信託	47.82
松阪屋	35.00
急電工	41.65
昭和電工	26.36
任天堂	6.19
新力ADR	3.73
新力	10.94
大和工業	29.00

表5-1

日圓（約二百九十億美元），並且把企業稅率降到符合國際標準的水準，公司稅預估減稅逾二兆日圓，兩者合計逾六兆日圓，永久性減稅意在藏富於民，期能帶動國內消費。日本政府也同時宣布一九九九年度預算的政策性經費（一般歲出）將分成三大類：⑴具有刺激景氣效果的領域將增額，例如「科技」、「中小企業對策」；⑵社會保障費等自然性增加的領域予以增額；⑶極力抑制與景氣動向無直接關係的經費。

當日本新內閣提出一連串減稅措施及發表刺激景氣措施後，已經獲得美國著名債信評等機構標準普爾（S&P）給予信任票，對於日本主權債信維持穩定及日圓回穩，應會帶來效果。

當然標準普爾對日本債信遠景抱持樂觀態度，主因在於日本是全世界最大債權國，且目前日本每年經常帳順差仍高達一千億美元，足以因應日圓貶值可能帶來的危機。另一方面，日本政府的債務淨額僅佔國內生產毛額的二五％左右，是全球主權債信被評為AAA級國家中最低者，也是日本可以擁有推動金融重建的成本。

所以，一九九八年下半年日圓兌美元走勢，若能在一三〇日圓兌一美元至一四五日圓兌一美元的區域間游走，也符合日本經濟利益，則一五〇日圓兌一美元匯價在一九九八年底前應該不容易出現。

一九九八年十月上旬日圓快速升值到一一二日圓兌一美元，距今年上半年最高價一四七日圓兌一美元，升值二四%。

日圓的強勢好不容易使一九九八年貿易順差較去年同期成長五〇%的優勢不再，也使近年來業績不斷好轉的出口產業再度蒙上一層陰影，股價反轉領先大跌，也連帶使日經指數貫破一三〇〇〇點，十月九日盤中最低來到一二七八七點。

日本是島國，屬於外銷導向國家，而泡沫經濟後，資產壓縮效應所導致的消費低迷，內需不振，國內金融危機嚴重，金融再生法案又因朝野角力，遲遲無法通過，日圓升值導致日經指數不僅沒有上漲，且逆勢大跌貫破一三〇〇〇點，更顯示出外貿順差大幅成長對現今景氣低迷的日本相當重要，日圓過度強勢反而不符合日本經濟利益。

一九九八年八月中旬俄羅斯盧布一夜之間由六・三盧布兌一美元劇貶到九・五盧布兌一美元，貶幅五〇%，引爆全球第二波金融危機，造成全球金融市場大跌，紐約道瓊工業指數由九三六七點也順勢回檔七四〇〇點，但收盤仍站上一九八四年七月一〇七八點所延伸上來的原始上升趨勢線七五〇〇點之上。

由於新興國家如東南亞、東歐、俄羅斯及拉丁美洲的委內瑞拉、巴西相繼發生貨幣危機，而這些國家都是以出產原物料及重要貴金屬爲主，爲了挽救國內金融危機，未來一至二年勢必以低價出口，讓西方先進國家享受更低原料成本，因而造成富者愈富、貧者愈貧的國際趨勢。

美國經濟軟性著陸對美國股市未嘗不是件好事，不僅促使聯邦儲備跟行不敢冒然調高利率，也可抑制通貨膨脹發生。

當然，美國電子高科技及生物科技、娛樂科技所帶動的市場需求，極有可能在一九九九年再把道瓊指數推向另一個高峰，走出第十一浪走勢而突破九三六七點，且有漲到一〇五〇〇至一一〇〇〇點實力。

美國股市目前正處於第九浪至第十浪修正波整理，未來能否有第十一浪的走勢，關鍵在亞洲的日本。

日本國會若能使國內金融再生法案通過，且經濟振興方案使減稅效果出現，加之日經指數若能守住一三〇〇〇點大支撐，使一三〇〇〇點是堅強底部區，在未來半年日經指數應可持穩在一三〇〇〇～一五〇〇〇點箱形格局，則一九九九年日本經濟成長一％，公元二〇〇〇年日本經濟應該可以真正復甦，一九九九年第二季日經指數就可突破一五〇〇〇點壓力，正式展開一波比較長期間多頭攻勢，有攻向二〇〇〇〇點實力。

最重要的是日圓維持在一三〇日圓兌一美元，使貿易順差持續大幅成長，將可以使日經指數持穩在一三〇〇〇～一五〇〇〇點，相對也有助於紐約道瓊指數守住七五〇〇大支撐區。公元二〇〇〇年之前美國股市仍將是全球股市的領導者，並且再往上突破九三六七點高點，對全世界股市也會帶來正面刺激作用。

由上而知，總體經濟才是決定一個國家股市多空走向的最關鍵因素。一九九八年美國經濟成長率約三・四%，一九九九年將降爲二・四%，而紐約道瓊指數由九三六七點回檔到七四〇〇點，跌幅超過二十%，已經合理反映明年經濟衰退的合理價位。

儘管全球經濟景氣正處在十分低迷的狀態，但以美國目前經濟情況，雖然談不上優異或強勁，但仍不失爲世界最爲穩定的一個經濟個體。

美國經濟體質已經完全改變，眞正扮演經濟火車頭角色是高科技、娛樂、生物科技、金融、出版等行業，而不再是傳統的製造業及大宗物質。

根據高科技權威預測機構 Eacks 的預估，一九九九年美國軟體業每股盈餘成長率爲五四・二%，半導體業爲三八・七%，網路業四五・二%，生化業一七・六%，電腦業更高達一八二・九%，主要高科技產業是屬於全球性策略聯盟的合作模式，較不受區域

性景氣循環的影響，本身的景氣循環才是影響多空的主因。

另一方面，美國是內需導向的國家，進出口貿易祇佔美國國內生產毛額（GDP）的比重十二%，祇要內需仍能維持熱絡，經濟就不會受到影響。

一九九八年九月下旬Fed調低利率一碼，意味美國已經正視全球金融風暴後所導致的金融緊縮，因此，率先降低利率，且預留未來還有再降低利率的空間。

因此，紐約道瓊指數由一九九八年八月以來一直在七五〇〇至八〇〇〇點箱形整理，一九九八年底前祇要上述領導行業獲利沒有受到嚴重衰退，或者就能維持既有獲利。

此外，若亞洲、東歐、拉丁美洲等新興國家的經濟體能夠穩住，不再持續惡化，則一九九九年道瓊指數仍有突破九三六七點高峰的機會，即使不成，也會拉升到九〇〇〇點，建立月線大M頭。

一九九三年中至一九九四年中，道瓊月線曾在三六〇〇至四〇〇〇點整理近一年，再往上突破四〇〇〇點。

因此，也不排除一九九八年底前道瓊指數都會在七五〇〇至八〇〇〇點整理。整理時間愈久，未來正式突破八〇〇〇點、挑戰九三六七點新高峰，屬於有效突破機率就愈大。反之，就可能僅是假突破。

道瓊工業指數日線

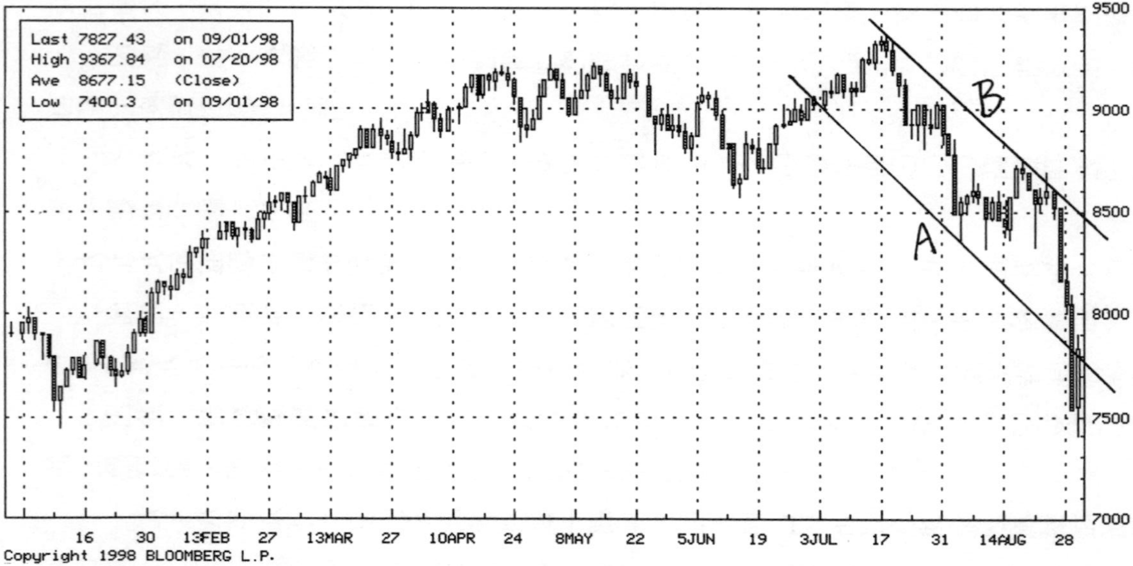
Last 7827.43 on 09/01/98
High 9367.84 on 07/20/98
Ave 8677.15 (Close)
Low 7400.3 on 09/01/98
9500
9000
8500
8000
7500
7000
16
30
13FEB
27
13MAR
27
10APR
24
8MAY
22
5JUN
19
3JUL
17
31
14AUG
28
A
B
Copyright 1998 BLOOMBERG L.P.

圖5-1

紐約道瓊指數月線

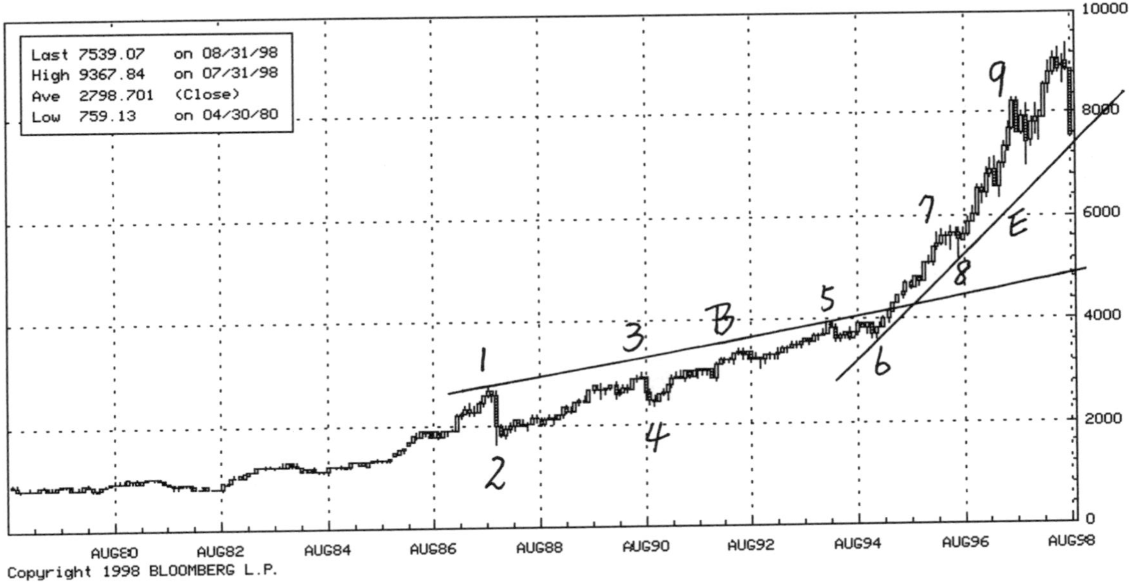
Last 7539.07 on 08/31/98
High 9367.84 on 07/31/98
Ave 2798.701 (Close)
Low 759.13 on 04/30/80
10000
8000
6000
4000
2000
0
AUG80
AUG82
AUG84
AUG86
AUG88
AUG90
AUG92
AUG94
AUG96
AUG98
1
2
3
4
B
5
6
7
8
9
E
Copyright 1998 BLOOMBERG L.P.

圖5-2

東京日經指數月線

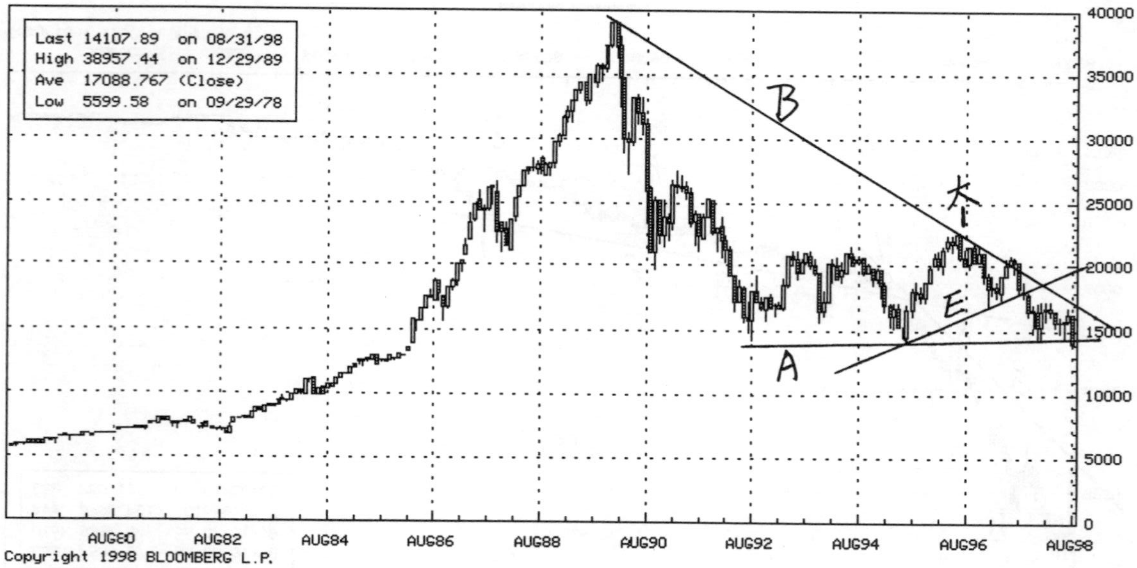

圖5-3

一九九九年美國經濟成長率仍有二・四%，比亞洲的日本一%及歐洲共同市場一・八%要出色，美國仍將是全世界股市領導者。

反之，未來紐約股市一旦往下有效跌破七五〇〇點，就表示美國經濟出了問題，而七五〇〇至八〇〇〇點所累積的大M頭，將使得七千大關輕易失守，有直下到六千點支撐的可能性。

美國經濟一旦出現嚴重衰退，則公元二〇〇〇年前全球經濟陷入全面性衰退，將無法避免。

但是，以目前G7都已經正視到全球金融危機，要發生這種機率的可能性並不大，但也是值得我們注意。

談完美、日股市，接下來談台灣股市。

台灣股市這波多頭市場結束於一九九七年八月二十七日一〇二五六點，第一波下跌由一〇二五六點下跌到十月三十日七〇四〇點，計下跌三二一六點，第二波修正由七〇四〇點反彈到一九九八年四月七日九三三七點，計上漲二三九七點，反彈幅度七一%，第三波下跌由九三三七點下跌到一九九八年九月一日六二一九點，計下跌三一一八點，目前正進行第四波修正。

由時間系數來分析，由一九九七年八月二十七日一〇二五六點走長空以來，第一波下跌時間二個月，第二波反彈修正時間五個月，第三波下跌時間五個月，第四波反彈修正之後，常理還會有第五波下跌，整個長空時間應是二十至二十一個月才會結束，也就是長空市場長線底部出現的時間在一九九九年三至四月間。

如果是走五波三段下跌，二段反彈修正，則第四波反彈幅度及時間都會比第二波修正來得短。

第二波修正由一九九七年十月三十日七〇四〇點到一九九八年四月七日九三三七點，計分二段，第一段由七〇四〇點至八五三二點，然後在八五三二點至七三七五點做二個月左右中段整理，第二段再由七三七五點反彈到九三三七點，第一段反彈一四九二點，第二段反彈一九六二點，第二段漲幅是第一段的一．三倍，第二波修正時間長達五個月。

第四波修正由六二一九點算起，第一段由六二一九點至九月二十一日七二一八點，計上漲一〇〇〇點，再由七二一八點回檔到六三八五點，第二段若由六三八五點起算，以比照第二波反彈幅度、第二段是第一段的一．三倍計算，則第二段反彈高點約介於七六五〇至七七〇〇點，即使拉過，八〇〇〇點也無法站穩，而出現時間極可能在十一月中旬左右。

值得注意的是由六二一九點算起的第四波修正主流股一直在塑膠及票券股身上。

塑膠股自一九九四年八月走長空下來到一九九八年八月，整整走了四年長空市場，籌碼經由長期下跌後，量萎縮得相當徹底，再藉由大陸洪氾之後，在人民幣未貶值之前加緊進場採購，導致塑膠原料LDPE、PVC反彈走高，LDPE每噸漲到六百二十美元，PVC每噸五百美元。

但是，塑膠原料經由這幾年東南亞、大陸、韓國擴廠之後，雖然經由東南亞金融風暴後，買盤極度縮手，造成行情長期低迷，以致日本及韓國有合併生產之議，東南亞新興市場有暫停擴充計劃，但整體來看，市場供應量仍然遠大於需求量。

所以，此次塑膠原料反彈，係導因於大陸市場因洪氾後加速進場採購，並非反映市場眞正需求，純屬假性需求。

未來判別塑膠原料股走勢，應注意大陸買盤何時消化，或者日、韓等業者爲了趁行情大幅反彈之際增加供應量，將使得塑膠原料行情反彈隨時有可能結束。

空頭市場反彈若是以量滾量的上漲，就不是所謂的回升波。以塑膠原料股如台聚、亞聚、福聚股價漲幅一倍，其餘反彈幅度也有五成至八成，純粹是因長期空頭走了四年，股價經由腰斬再腰斬，幾乎祇剩過去高峰的不到三折，在價低情況下，藉由題材炒作以及軋空，以量滾量上漲。

票券股也是因受惠利率降低，獲利轉佳，股價彈升六至八成，但國內票券公司林立，且商業銀行又可承做票券業務，業績成長有限，受惠於低價，股價以量滾量上漲，但以三家票券公司股本，國票一百五十億元，興票二百一十八億元，華票一百四十五億元，股價要反彈至二十元之上，勢須接受其他企銀股比價壓力。

第四波反彈由六二一九點到七二一八點，電子股不僅上漲無份，且再由七二一八點回檔到六三六五點，大多數電子股都相繼跌破底部再創新低。

電子股的弱勢，主因有下列幾點：

(1)大盤由六二一九點反彈到七二一八點是由虧損累累的精英、華升、清三領軍，純粹炒籌碼，市場認同度不高。

(2)一九九八年十月初新台幣兌美元，受國際美元因長期資本管理公司（LTCM）巨額虧損拖累，走勢甚爲疲軟，對主要貨幣馬克、日圓、瑞士法朗都出現大幅貶值，促使央行順勢引導新台幣升值，在不到一週時間內，新台幣由三四・五元兌換一美元升值到十月八日三二・九元兌一美元，也使以外銷爲主的電子股頻添利空因素。

第四波反彈修正若要有效突破七二一八點，攻向七六五〇到七七〇〇點，仍然要靠績優電子股領軍。

因爲，即將公布的第三季（十月三十日止）財報，仍然以績優電子股業績最具看頭，即使經第四季後到一九九九年第一季電子股淡季，相信績優電子股的業績仍將是所有類股中最好的。

如果以長線來分析，光寶六〇元、達電七七元、鴻海一二七元、華通一八〇元、華碩二一〇元、仁寶八七元、聯強九四元、台積電五六元，都已經具有長期投資價值，長期投資二至三年都會有倍數以上的利潤。

如果績優電子股無法強勢上漲，則第四波反彈將無法有效突破七二一八點。

第四波第二段反彈沒有突破七二一八點，則大盤將如何走呢？第五波下跌又將如何呢？

長線第一波多頭走勢由一九九三年一月三〇九八點，起漲分五波三大段漲到一九九四年八月七二二八點。

一九九四年八月見七二二八點高點後反轉走空頭，第一波由七二二八點跌到一九九四年十月五九一六點，第二波反彈由五九一六到七一一八點，第三波下跌由一九九五年一月七一一八點跌到一九九五年八月四四七四點。

第三波跌到四四七四點後，到隔年（一九九六年）三月飛彈危機加上總統大選，整整長達八個月，大盤一直在四四七四點至五二五〇點間整理，之後開始漲到一九九七年八月一〇二五六點。

績優電子股如華通、鴻海、光寶、達電上一波長線底部都出現在一九九六年三月，然後開始長達十八個月長線多頭走勢，漲幅高達七至十倍。

投資人若有記憶的話，上一波空頭市場在四四七四至五二五〇點整理八個月，最強勢的股票就是炒籌碼的投機股、資產股、營建股。而上述這些股票在電子股見到長線底部後開始走長多時，除了少數還有創新高之外，大部分都在做擴散型大頭部。金融股則在大盤突破五二五〇點漲到六六〇〇點，三商銀、國壽、新壽及企銀股相繼見到最高點後，就一路走長空到現在。

上一波長空由七二二八點到四四七四點，祇有A、B、C修正，即第一波由七二二八點下跌到五九一六點如同A波，第二波由五九一六點反彈到七一一八點如同B波，第三波由七一一八點下跌到四四七四點如同C波，並沒有第五波下跌。

那麼這波長空由一九九七年八月二十七日一〇二五六點算起，第一波由一〇二五六點下跌到七〇四〇點如同A波下跌，第二波反彈由七〇四〇點至九三三七點如同B波，第三波九三三七點下跌到六二一九點如同C波。

如果第四波由六二一九點反彈算起，第二段反彈無法突破七二一八點，則有可能是走六二一九至七二一八點大箱形走勢。這種情況若一直持續到一九九九年三月至四月間，則就沒有所謂第五波下跌。

上一波長空由一九九四年八月七二二八點到一九九五年八月四四七四點，績優電子股空頭走勢遲至一九九五年七月才開始反轉，所以，才會在大盤已經在四四七四至五二五〇點時來回震盪打底，電子股仍繼續下挫，並遲至一九九六年三月才見到長線大底。

如果以績優電子股這波長線高點皆出現在一九九七年七月或八月之後反轉走長空，到一九九八年十月止已走了十五個月長空，快則一九九九年三月會見到長線底部，最慢也會在一九九九年四月出現。

上一波績優電子股長線走了十七至十八個月，我個人認為這次見長線底部後，有可能上漲十三個月實力。

台灣長線股市第一波初升段由三〇九八至七二二八點，第二波下跌修正至四四七四

台灣股市月線

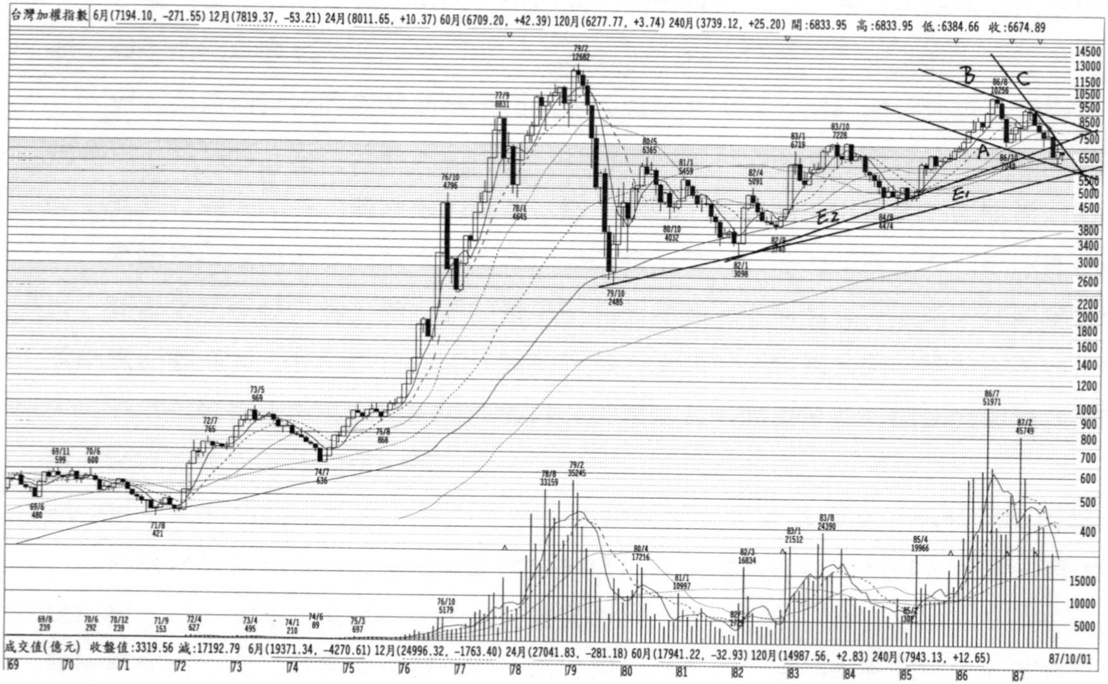

台灣加權指數 6月(7194.10, -271.55) 12月(7819.37, -53.21) 24月(8011.65, +10.37) 60月(6709.20, +42.39) 120月(6277.77, +3.74) 240月(3739.12, +25.20) 開:6833.95 高:6833.95 低:6384.66 收:6674.89
79/2 12682
77/9 8831
76/10 4796
78/1 4645
79/10 2485
80/5 6365
81/1 5459
80/10 4032
82/4 5091
82/1 3098
83/1 6719
83/10 7228
84/8 4474
86/8 10256
86/10 7040
73/5 969
72/7 765
69/11 599
70/6 600
69/6 480
71/8 421
74/7 636
75/8 868
B
C
A
E2
E1
86/7 51971
87/2 45749
78/8 33159
79/2 35245
80/4 17216
81/1 10997
82/1 16834
83/1 21512
83/8 24390
85/4 19966
76/10 5179
69/8 239
70/6 292
70/12 239
71/9 153
72/4 627
73/4 495
74/1 210
74/6 89
75/3 697
成交值(億元) 收盤值:3319.56 減:17192.79 6月(19371.34, -4270.61) 12月(24996.32, -1763.40) 24月(27041.83, -281.18) 60月(17941.22, -32.93) 120月(14987.56, +2.83) 240月(7943.13, +12.65)
87/10/01
69
70
71
72
73
74
75
76
77
78
79
80
81
82
83
84
85
86
87
14500
13000
11500
10500
9500
8500
7500
6500
5500
5000
4500
3800
3400
3000
2600
2200
2000
1800
1600
1400
1200
1000
900
800
700
600
500
400
15000
10000
5000

圖5-4

點，第三波主升段由四四七四至一〇二五六點。如果由一〇二五六點下跌是走A、B、C修正，則六二一九點將是長線底部，那麼末升段起碼有漲一倍實力，則具有突破一二六八二點實力。

我個人認為金融股未來一至二年受國內景氣低迷，以及金融風暴衝擊，壞帳損失提列應該會有購併情形發生（台灣銀行股家數太多了），而且能夠存活下來的金融股，未來在下一波景氣回升時，獲利才有可能大幅增加。

一九九〇年長線空頭來臨前迴光返照是由三商銀拉過一〇八〇〇點，漲到一二六八二點結束。

我不排除長線末升段行情若由六二一九點起算，未來突破一〇二五六高點的重心必然在金融股身上，屆時三商銀或許會因某項因素大炒特炒也說不定。

當然，第四波第二段反彈若由績優電子股領軍，則可望突破七二一八點，高點約在七六五〇至七七〇〇點，即使拉過八〇〇〇點也站不上去，之後再走第五波下跌，長線底部縱然破六二一九點，甚至破六〇〇〇點，也不會距六〇〇〇點太遠。五八〇〇點上下一〇〇點應是長線底部。長線末升段仍然有機會突破一二六八二點。

6

什麼轉投資入帳
對公司才有正面效益？

台灣最近許多財轉如國產車、國揚、中精機、宏福、

新巨群、東隆五金

所爆發的財務危機，皆導因於成立多家子公司投資公司，

而這些子公司成立的目的

若不是用來護盤母公司股價，就是從事金融炒作，

難怪到最後都會出事。

一個成熟、老化、「股票淹肚臍」的市場，對上市公司獲利的來源是有嚴格區分標準的。

上市公司正常收益主要是以本業爲主，加計長期投資依權益法按季所認列的收入、利息及合理租金收入。

非正常收益，如短期投資即金融操作所帶來的收入，長期投資上市釋出股權所帶來的承銷收入，或者處分長期投資股權收益、處理閒置資產收入、匯兌收益。由於這些收入非常態性，只能帶來短期帳面收益數字好看。

長期而言，一家公司是否具有投資價值，完全要看本業營收及獲利成長能否趕上股本膨脹速度來決定。靠著非正常收益爲主的公司，一旦金融情勢出現變化，短期投資出現巨額虧損，輕則侵蝕到本業獲利，重則影響到公司財務運作，這種不務本業的公司，所給予的本益比是很低的，以成熟市場的標準來看，不會超過十倍。

在成熟、老化的市場，評估一家公司完全是以本業爲正常收益，其他非正常收益是要完全剔除掉。如果每年本業營收及獲利都有成長二〇％的能力，股本膨脹也控制在二十％以內，每年EPS都不會被稀釋，則這家公司所享有本益比就具有二十至二十五倍的價值。

接下來，我們要談上市公司長期投資依權益法所認列的轉投資收入可分下列幾項來探討：

(1)轉投資事業未必能挹注大量收益

公司股本本身已經相當龐大，如股本已經上百億元，但旗下轉投資事業卻都屬於十億元以下或者十幾億元的中小型公司，雖然持有股權比率不超過五十％，即使旗下轉投資公司獲利再優異，每年能帶給母公司的收益、對母公司EPS貢獻度也相當有限。

●舉例一：東元

東元一九九八年底股本一百三十七億元，這三年來電器產品的不斷跌價，毛利不斷被壓縮，營業利益率始終停滯在六％左右；一九九六年營收一百九十三億元，營業利益約十二億元；一九九七年營收二百零四億元，營業利益約十二億元；一九九八年營收二百三十億元，營業利益六％計算，約十三億八千萬元，相當於每股盈餘一元。

東元雖然持有許多已上市轉投資事業，且持股比率都不低，但這些旗下公司規模都不大，屬於中小型公司。如東元持有台安四二％股權，以台安一九九八年稅後純益三億八千萬元，對母公司貢獻一億六千萬元；持有東訊四一％，一九九八年東訊稅後純益約四億元，對母公司貢獻約一億六千萬元；持有聯昌三三％，一九九八年聯昌稅後純益約一億五千萬元，對母公司貢獻度約五千萬元。以台安、東訊、聯昌三家子公司一九九八年對母公司貢獻度約三億七千萬元，相對於東元一百三十七億元股本，每股ＥＰＳ貢獻度只有〇・二七元。

東元東南亞轉投資事業受亞洲金融風暴影響，不是出現虧損就是獲利出現大幅衰退，而持有三四・五％東元資訊，生產映像管一上市就碰到景氣大壞，產品大幅跌價，一九九八年上半年就出現虧損五億元，必須提列損失一億七千萬元。

東元本業獲利已經連續三年無法成長，顯示產品已經進入成熟期，而隨著股本每年不斷大幅膨脹，旗下轉投資公司每年收益對母公司ＥＰＳ貢獻度愈來愈低。一九九八年東元稅後純益二十三億元，ＥＰＳ一・六八元是一九九〇年以來最差的成績。也難怪股價率先破三十元，跌到二八・八元。

東元雖然持有聯電股票截至一九九八年底止計有一十六萬八千八百八十張，每股成本不到一元，以聯電股價三五元，出售利益約五十九億元，對ＥＰＳ貢獻度約四・二元。

東元若祇是單純爲了尋求短期帳面收益好看，出清聯電持股，對東元股價也不見得會帶來上漲，因爲這是非正常收益。

但是，東元若把持有聯電股權做爲發行ECB擔保品，或者向金融機構借貸，籌得資金來爲本業突破困境，則尚屬可行，未來就看本業的表現而定。

東元是成立於一九五六年，有四十多年歷史的老公司。在台灣經濟剛發展階段，東元馬達享譽寶島，佔有很高市場佔有率。一九七○至一九八○

東元股價月線

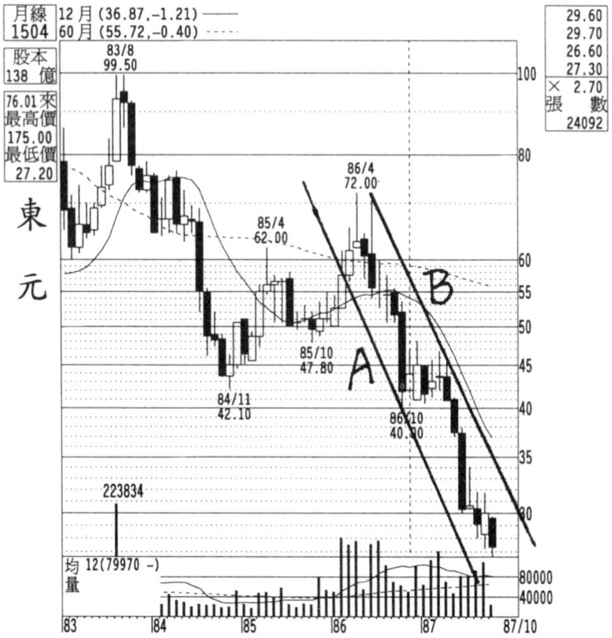

圖6-1

年代東元電器也有光輝時期，是台灣股市一九八〇至一九九〇年極富盛名的績優上市公司。

如果東元在一九八八年大陸才剛改革開放時期，挾著東元馬達優異產品及優良電器產品，大舉進入神州市場打天下，以中國大陸每年長江、黃河都要氾濫一次，東元馬達現在的成就恐怕會令人肅然起敬。只可惜公司的保守，力行配合政府的戒急用忍政策，死守台灣，現在卻面臨市場逐年萎縮，本業競爭激烈，電器用品已屬於超低利潤產品。如果未來產品進入衰退期，本業營益率恐怕要比近三年平均數六％還要低。未來本業獲利衰退加上股本膨脹，ＥＰＳ將愈來愈低，則一九九八年八月二十八．八元恐怕不是底部價呢！

●舉例二：華新

華新一九九八年第一季賣出持有華邦電五萬張，獲利超過二十億元，連同本業利益及轉投資收益，第一季稅後純益二十七億八千三百萬元，以一九九八年底股本二百三十億元，每股ＥＰＳ一．二一元，但是股價除權後照常一路下挫，到八月底跌破十五元，創下十年來新低價。

華新以電纜爲本業。在台灣成爲極度開發地區的國家，電纜已屬於極端成熟產品，每年市場需求量固定，不易有較大幅度的成長，而營業利益率長期以來相當固定。一九九一年至九七年，七年來華新平均營業利益率約五%。以華新一九九八年營收一百七十二億元計，營業利益約八億五千萬元，對一九九八年底股本二百三十億元，EPS貢獻度才只有〇・三六元。

華新雖然擁有不少投資公司，如持有金澄投資一〇〇%，崇佑投資公司四十九%，大和、大澄、慶和、慶侑投資公司各四十五%，漢華創投公司四十八%。除了金澄投資公司資本額七億元，其餘大部分是資本額三億元左右，每年大約可爲公司創造七億元業外收益。

大陸投資方面，也只是處於初期發展階段，尚無法有大量收益產生，只有一至二億元。

純以本業營業利益年獲利八億五千萬元，加計投資公司金融操作收益約七億元，及大陸投資收益約一億元，合計十六億五千萬元，以一九九八年底股本二百三十億元計，EPS只有〇・七一元。

華新一九九八年第一季出脫華邦電五萬張之後，尚持有華邦電二八%股權，仍可按權益法認列。

一九九八年華新稅後獲利估計四十二億三千四百萬元，ＥＰＳ一・八四元。爲何其股價會跌落到十年來低價區十五元呢？

首先，華新出售華邦電五萬張，獲利二十億元屬於非正常利益。其二，華新計劃投資ＴＦＴ－ＬＣＤ，但目前國內已有六家業者準備介入，屆時市場競爭激烈，能否帶來效益或者初期成爲公司包袱，則有待謹愼觀察。

華新股價月線

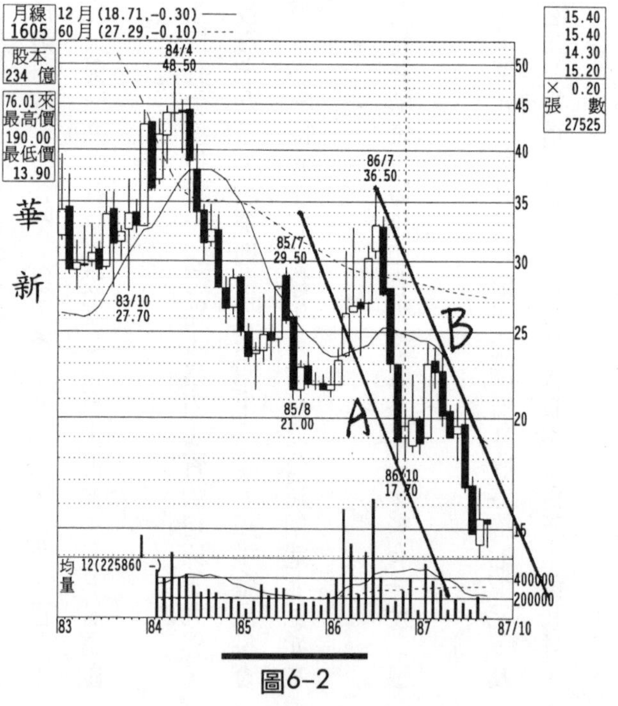

圖6-2

華新早期投資華新卡本特不鏽鋼，公司成立、設廠完成後就一直處於虧損，最後由母公司華新按資產負債全數承受併購下來。

此外，IC景氣若短期間無力回升，一九九八年子公司華邦電帶給母公司的，能夠比其他IC廠少虧一點就已經很好。何況就華新一九九八年底股本二百三十億元來看，隨著每年股本不斷膨脹，華邦電對母公司EPS貢獻度成長有限，甚至有可能逐年減少。

因此，在本業已進入成熟期且未來轉投資事業不一定能挹注大量收益情形下，未來每年華新頂多只能維持EPS一元獲利，股價在十五元附近屬於低價區，淨值比也接近一比一。但要期望有大行情，得靠天時、地利、人和，若大盤出現千點大行情時，再藉由低價、安全來一波補漲行情較有可能。但股市若處於長期盤整期，這種本業沒有發展的公司，股價再低也不會有人去注意。

(2)成立金額龐大的投資公司從事金融操作

台灣有許多上市公司都設立有投資公司，而這些投資公司股權都以幾近百分之百的方式由母公司持有，或者母公司佔有相當大股份。

只不過有些公司成立數家投資公司之後，投資公司所擁有帳面金額愈來愈龐大，累計起來的帳面金額，往往佔公司股本相當高的比例。

投資公司可在股市多頭進行金融操作，爲母公司帶來短期投資利益，也可以爲母公司股票進行護盤、俟行情好時再逢高調節，賺取差價利益。

如果短期投資以對自家股票護盤、逢高調節爲主，在利益金額僅是數千萬元不到億元差價，對母公司整體盈餘及營運沒有帶來任何影響的情況下，這種短期投資還算無傷大雅，勉強令人可以接受。

但是，有些公司卻是把公司資源大量投入在設立的投資子公司。藉由子公司的金融操作，將賺取的短期投資利益，變成公司主要的獲利重心。這就是有捨本逐末的味道了。

●舉例三：中環

中環一九九七年六月份財報，旗下共有中嘉國際投資公司持股比率九七％，帳面金額六億九千九百三十三萬元；中德國際投資公司持股比率九九％，帳面金額四億六千四百五十八萬元；中茂國際投資公司，持股比率八一％，帳面金額六億一千一百三十二萬元。三家投資公司帳面金額合計十七億七千五百二十三萬元，佔中環一九九七年底股本四十三億七千二百萬元的四〇％，比重相當高。

中環一九九七年營收三十億二千三百萬元，營業利益只有一億五百三十九萬元，但是來自投資公司貢獻的業外收益高達十六億九千三百萬元，一九九七年稅前純益高達十五億九千四百二十三萬元。

中環一九九八年第一季營收十億三千三百萬元，營業利益一億四千萬元，但是來自投資公司業外收益有六億一千八百六十三萬元，第一季稅前純益七億二百九十一萬元。

第二季中環單季營收十二億七千六百萬元，較第一季十億三千三百萬元還要成長二十三%，營業利益會更出色。但是該公司卻突然宣布上半年稅前純益僅五億四千萬元，較第一季七億二百九十一萬元還要少，亦即第二季虧損一億三千萬元。

中環公司表示，一九九八年上半年營業利益三億九千萬元，扣除掉第一季一億五千萬元，第二季營業利益高達二億四千萬元，營業利益率高達十九・七%。但第二季提列中鋼、中興電、大華證券等短期投資未實現損失準備約四億元，以致第二季虧損。上半年才賺五億四千萬元，以一九九八年底股本六十三億五千萬元計算，每股稅前EPS〇・九二元。

中環股本已經是六十二・五億元，屬於中大型股，就該公司預估一九九八年營收六十一億四千三百四十五萬元計，營業利益十六億八千二百八十六萬元，營業利益率二八%。但該公司第二季單季營業利益十九．七%，上半年營業利益率十六．九%，與預估營業利益率仍有段距離。

以一九九八年營業利益十六億八千二百八十六萬元計，股本六十二億五千萬元，EPS貢獻度約二．六九元。

CD－R由一九九七年每片五美元崩盤到〇．五美元，美、日大廠在不符成本效益下退出市場，國內業者中環、錸德適時卡位，加速擴充生產線，剛好碰到行情跌過頭後，在需求拉升下又急速彈升到〇．七五至〇．八美元，而國內業者經由量產規模，每片成本降低到〇．五美元，故一九九八年第二季才享有十九．七%營業利益率，較第一季十三．五%成長近五十%。

CD－R最大隱憂是不需要太高超技術，進入障礙不高，只要有錢買來機器就可生產。中環預估一九九八年底單月產能可達一千二百萬片；錸德則達一千六百萬片；**上櫃精碟預計年底由原來十七條生產線增加到二十一條，月產量也近四百萬片。光這三家大廠一九九八年底單月產量即高達三千二百萬片，佔全球需求量五千萬片的六十四%。**

但是，別忘了，CD－R在一九九七年有過令人觸目驚心的崩盤經驗，由每片五美元在短短不到十個月跌到剩下〇．五美元。

現在，國內廠商眼見CD－R行情回升，營業利益大幅回升到令人眼紅的二十%超高獲利率，就拼命大肆擴充產能。但CD－R進入障礙不高，停掉的生產線要重新再開並不困難，一旦美、日大廠重新投入生產，或者市場需求在一九九九年不符合預期時，就會形成回頭惡性競爭，殺價搶單現象就可能再出現。CD－R若再次崩盤，下場恐怕會跟監視器、掃描器一樣，成

中環股價月線

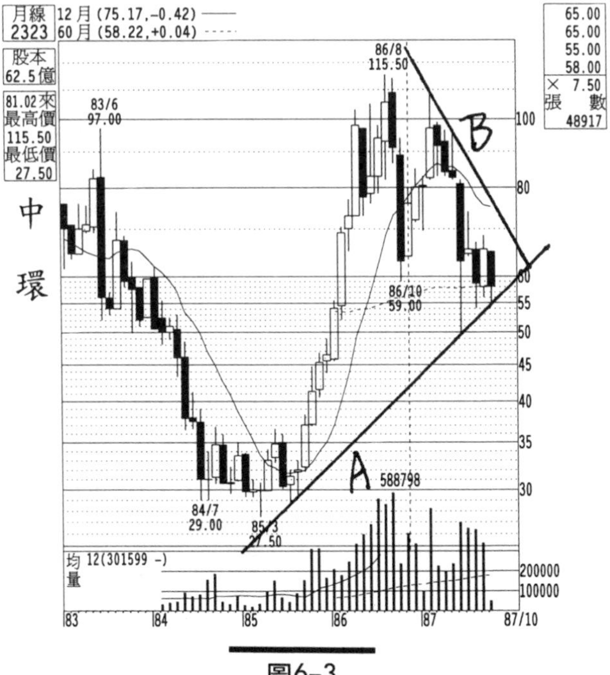

圖6-3

爲成熟產品，營業利益率不易超過五％。所以，國內業者大量擴充產能之舉，到最後恐怕會變成自相殘殺局面。

目前中環本業營業利益正處於高峯期，所以一九九八年第二季業外短期投資虧損宣佈，只讓股價急速下挫一支跌停板即盤穩下來。但是就中長期而言，若本業競爭壓力再次出現，以致營業利益由高峯往下掉，且業外短期投資不再豐厚時，則獲利必然會出現嚴重衰退，股價就會有重挫的壓力。

中環的例子主要是提示讀者，任何短期投資所帶來的業外收入不完全十拿九穩，也有馬失前蹄的時候。

(3)令人看不懂的子公司投資公司

●舉例四：國巨

據國巨公司一九九八年第一季財報，長期股權投資項下有四家投資公司，持股九十九・九％的國新投資公司，帳面金額八億八千七百五十六萬元；一〇〇％持有的國巨百慕達控股公司，帳面金額四十八億二千七百四十八萬元；持股九十九・九％的立泰投資，帳面金額十七億九千五百五十七萬元；持股九十九・九％的國展投資，帳面金額十四億三千六百四十四萬元。四家投資公司帳面金額合計八十九億四千七百零五萬元，在一九九八年第一季股本六十七億二千一百萬元中佔一三二％，也佔長期投資總額一百三十七億八千七百二十六萬元的六五％。

國巨公司可能是以併購德國電阻器廠、新加坡ＡＳＪ以及中國大陸蘇州廠等海外投資事業，全部以國巨百慕達控股公司持有。但其餘三家投資公司國展、國新、立泰是做什麼？沒人知道！

由於國巨每季公佈財務報表時，僅是以概列性數據明示當期業外收益數字，而海外投資事業如德國電阻器廠、新加坡ＡＳＪ、中國大陸蘇州廠獲利如何，完全無法由報表得知，甚至也沒有任何海外投資事業財務報表可供參考，只能完全以公司發佈數字爲依據，公司說多少就是多少。

以一九九八年底國巨股本已膨脹到一百零五億五千三百萬元，而一九九八年預估營收三十二億元，營業利益八億元，營業利益率二五％，維持了近三年平均營業利益率，即由一九九六至一九九八年，每年均爲二五％。就營業利益八億元對照一百零五・五億元股本，ＥＰＳ只有○・七五元。

預估一九九八年底長期投資帳面數字二百一十一・三八億元，較一九九七年一百二一

國巨公司1998年第1季
長期投資主要子公司明細表

	3月31日			
	1998年		1997年	
	帳列金額(千元)	持股(%)	帳列金額(千元)	持股(%)
長期股權投資				
按權益法計價				
百慕達國巨控股	$4,827,482	100.0	$2,672,127	100.0
立泰投資	1,795,571	99.9	1,218,985	99.9
國展投資	1,436,448	99.9	95,960	99.9
Rancher Int'l	1,340,336	100.0	–	–
國新投資	887,567	99.9	707,395	99.9
國鼎創業投資	485,008	95.0	–	–
智寶電子	261,866	15.7	226,539	17.2
奇力新電子	188,657	16.6	56,690	7.2
品貞電工	103,168	36.0	–	–
富邦創業投資	101,769	20.0	100,000	20.0
ASJ Holdings	93,975	18.3	80,439	18.3
越峰電子	38,557	7.0	44,531	7.0
誠　品	11,788	8.9	10,800	10.8
香港旭泰	–	–	64,703	99.9
香港國巨	–	–	38,159	100.0
	11,572,192		5,316,328	

表6-1

十・七三億元大幅成長九十・六五億元，扣除預估一九九八年業外收益二十五億二千二百萬元，則一九九八年長期投資還要再增加六十五・四三億元，預估一九九八年稅前純益三十億五千萬元，每股稅前EPS二・八九元。

一九九八年上半年，國巨公佈實際每股稅後EPS一・三三元。

單以國內營收來看，國巨已進入瓶頸，營收額僅能維持在三十二至三十五億元，而營業利益率也已經有三年持續維持在二十五%左右。就公司而言，最大績

國巨公司1998年
認列長期投資被投資公司損益表

被投資公司	持股比例(%)	金額(千元)
按權益法計價		
百慕達國巨控股公司	100.00	$ 474,000
國新投資公司	99.99	495,000
立泰投資公司	99.99	324,700
國展投資公司	99.99	236,000
ASJ Holdings	18.28	18,300
智寶電子公司	15.69	27,000
其　他		155,700
按成本法計價之現金股利		120,000
短期投資之投資收益		151,300
投資利益合計		$ 2,002,000

表6-2

效發揮已經到了極限。

但是，一九九八年底國巨股本已經膨脹到一百零五・五億元，國內營收再如何賣命，每年EPS貢獻度也絕對不會超過一元，其餘要全靠龐大長期投資所帶來的業外收益。

當然，在一九九八年底長期投資認列長期股權收益，其中屬於國巨百慕達控股公司認列收益金額四億七千四百萬元，國新投資認列收益金額四億九千五百萬元，立泰投資認

國巨股價月線

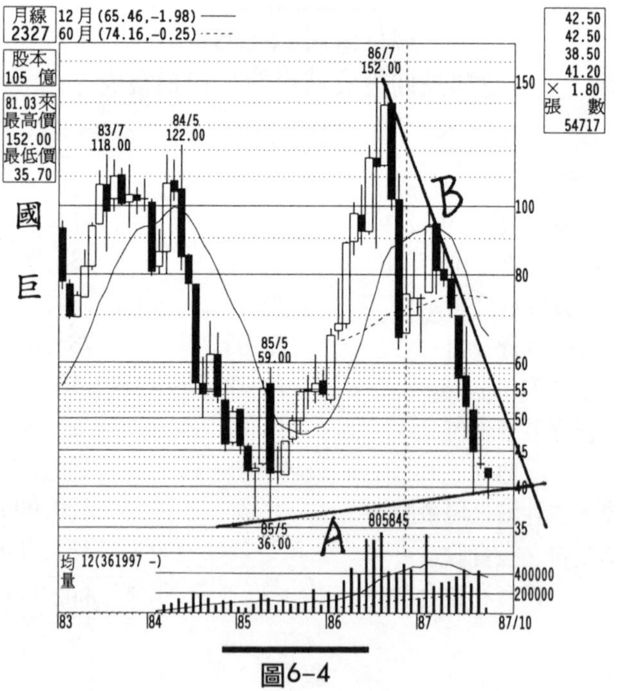

圖6-4

列收益金額三億二千四百七十萬元，國展投資認列收益二億三千六百萬元。光這四家公司認列收益十五億二千九百七十萬元，就佔一九九八年稅前純益三十億五千萬元的五〇％以上。

但是，正如我提示的，德國電阻器廠、新加坡ＡＳＪ、中國大陸蘇州廠，這些海外事業經營狀況，績效如何，完全沒有任何財務資料可以顯示出來。那麼若要長期投資國巨公司，將完全處於被動地位，財富是否增加或縮減完全被國巨大股東所控制，而且無法事前瞭解海外轉投資事業經營現況，先做好事前的評估，再做投資與否的決定。

何況國巨股本已經上百億元，未來股本能再大幅擴增空間已有限。該公司以電阻器為主要產品，全球市場規模不像其他零組件規模那麼龐大，未來獲利爆發性不強，一九九九年起每年每股獲利能維持在二至二．五元就屬不易，股性會慢慢走上傳統產業績優股模式。因此，對講究十倍速獲利、喜歡每年具有高營收成長、高獲利電子股的投資人，國巨就不是很好的選擇了。

(4)本業不佳，獲利全來自短期投資

股市進入成熟化後，上市公司的基本面成為主導股價的最關鍵因素。

如果本業不佳，即使用更多的金融操作，製造再多業外短期投資利益，股價仍然不會漲。甚至在碰到大盤往下修正時，這些本業不佳，全靠短期投資獲利的公司，往往是類股中領先下跌的個股。

●舉例五：國豐

國豐一九九八年第一季公佈稅後盈餘高達十九億三千四百萬元，以一九九八年增資後年底股本五十・七億元，每股稅後E

國豐股價月線

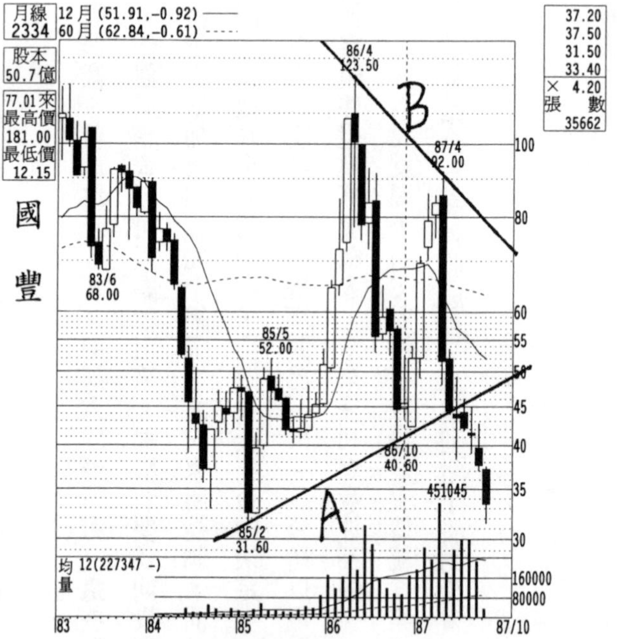

圖6-5

PS已經達到三・八一元。

但是仔細分析，一九九八年第一季獲利，國豐營業利益只有七千一百四十二萬元，而來自短期投資業外收益高達十八億九千零八十一萬元。

國豐以生產監視器爲主，監視器佔營收九八％，近三年來營業利益平均大約只有二％，每年獲利大多是來自短期投資業外收益。

國豐股價於一九九八年四月二十一日除權四・八九元股票股利後，除權參考價約五十二元，只小漲到五十四・五元，即一路慢性下跌到三十一・五元才止跌，反而貼權三九％。

●舉例六：亞瑟

亞瑟是一九九八年第一支除權的電子股，尤其在除權前拉高到一〇五元歷史天價區除權六元股票股利。

亞瑟以五六K數據機爲主，數據機利潤率本身就很微薄，屬於成熟產品，營業利益率大約只有三至五％。一九九七年稅前純益十二億四千七百萬元，有絕大部分是靠新巨群集團營建案挹注，實際上本業獲利有限。

亞瑟以歷史天價一〇五元於一九九八年四月八日除權六元股票股利，除權參考價約六十五・五元，只漲一支漲停板，次日就出現近八萬張超級歷史天量，之後股價由七十二元反轉一路下挫。該公司並且在六月八日辦理現金增資九億元，每股溢價四十元，認股率十六・七四％，市場仍然不願認同現金增資價四十元。在繳款期結束後，股價應聲跌破四十元，直接下挫到二

亞瑟股價月線

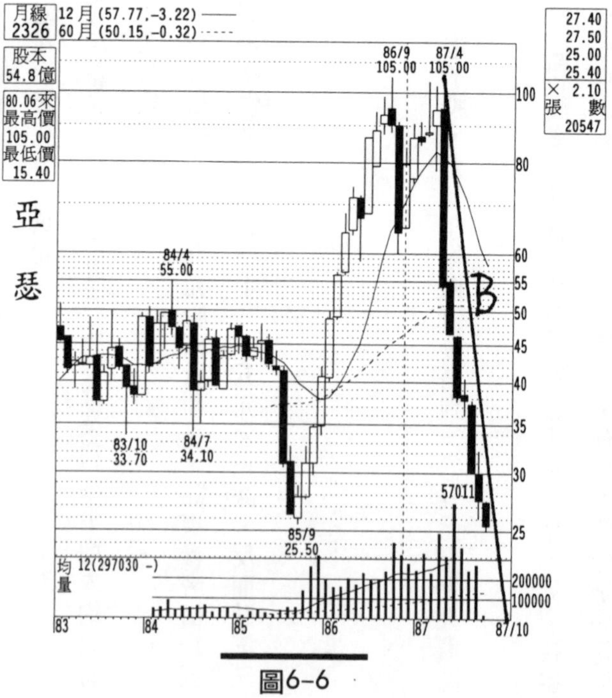

圖6-6

十五元，距除權後高價七十二元只剩三五％。

亞瑟一九九八年第一季營收二十二億七千一百一十六萬元，但營業利益卻出現五千一百八十一萬元虧損。幸好有短期投資業外收益三億六千六百一十七萬元，以致第一季稅前盈餘能有三億一千四百三十六萬元。以一九九八年底股本五十四．八億元計，每股稅前ＥＰＳ○．五七元。

由於本業已出現虧損，未來短期投資若無法繼續大量挹注收益，則展望不樂觀。純就本業而言，未來每年營業利益對股本已經五十四．八億元的亞瑟，要製造出每股ＥＰＳ○．五元都屬不易。

●舉例七：廣宇

廣宇以生產光碟機（ＣＤ－ＲＯＭ）爲主，一九九八年初二十四倍速光碟機持續下挫到三月底，已跌到每台四十美元價位，三十二倍速跌到四十八美元，遠低於生產成本，且後市仍看跌。光碟機倍速走到四十倍速之後已經走到極限，未來市場有可能被ＤＶＤ－ＲＯＭ所取代。日本已經有廠商推出四倍速ＤＶＤ－ＲＯＭ。預期一九九九年第二季起四倍速ＤＶＤ－ＲＯＭ將會加快進入市場，而ＣＤ－ＲＯＭ則會變成成熟產品，逐步被取代。

廣宇一九九八年第一季營收十九億六千四百二十四萬元，營業利益只有一千二百六十九萬元，營業利益率僅〇・六％，顯示出產品跌價之迅速，已經完全侵蝕到獲利。第一季雖有短期投資收益二億七千一百二十一萬元，致第一季稅前有二億八千三百九十一萬元。在增資三・五元股票股利後，一九九八年底股本二十億四千萬元，每股稅前EPS

廣宇股價月線

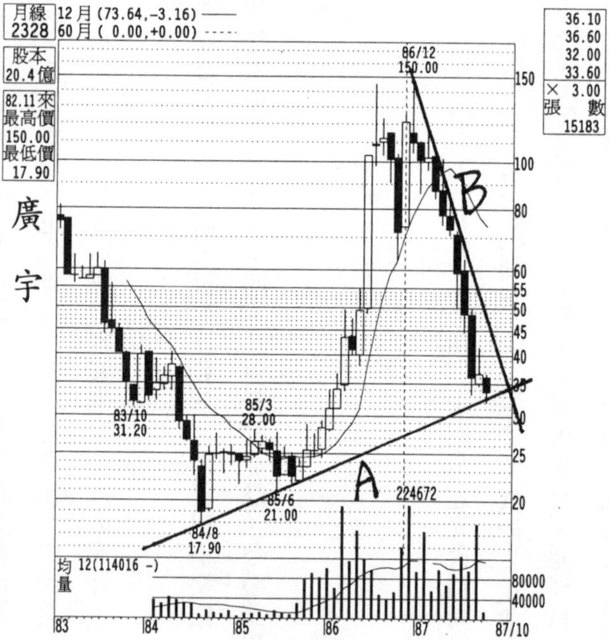

圖6-7

一．三九元。

但是，由於第二季CD－ROM營運比第一季還不樂觀，第二季單季獲利四千一百五十二萬元，每股稅前〇．一六元。未來若無短期投資挹注，光靠本業每年每股要賺取一元獲利，頗爲不易。

由於所生產產品CD－ROM，在國內屬於競爭相當激烈的產品，且高手如雲。明電、源興、建碁、華碩等廠商研發、製造、銷售能力均遠在廣宇之上。故未來在本業發展上，若無法開發出其他利基型產品，前景有限。

廣宇股價自一九九七年十二月十日出現一五〇元歷史天價後，即反轉下跌，一九九八年七月十五日以六十元除權三．五元股票股利，除權參考價四十四元左右，雖塡權到五十五元附近，隨即長期盤跌到三十二元。

(5)百分百大陸投資，收益按季認列視同本業

兩岸開放經濟交流以來，雖有爲數上萬的台商至大陸發展，但十幾年下來，就上市上櫃公司來分析，以內銷爲主的食品公司大部分都還處於艱苦奮戰階段，尚無利益可獲挹注。其餘傳統產業也僅是處於損益兩平、小賠小賺的階段。眞正以內銷爲主，且已有

不錯獲利的則只有飛瑞、燦坤、巨大等少數公司。

在大陸投資以外銷市場為主的廠商，則純粹是利用大陸廉價勞工及土地，並以廣大腹地做為生產基地，不斷擴增產能、降低生產成本。除了鞋類寶成、豐泰之外，就屬電子零組件大廠光寶、達電、鴻海這三家公司表現最為傑出。

電子零組件比下游系統組裝利潤高且穩定，營業利益率幾乎是下游廠商的一倍以上。

低價電腦盛行之後，壓縮到成品價格也降低毛利，零組件價格也難免會受到影響，利潤被壓縮。所幸大陸的產能不斷擴大，利用大陸人多，所需員工不斷往內陸去吸收，生產成本也可大幅降低，再經由規模經濟大量生產，光寶、達電、鴻海在大陸的獲利由一九九七年起呈現逐年暴增的高速成長現象。

尤其，大陸在往後十年將成為全世界第二大電腦市場，國際四大廠康栢、戴爾、IBM、HP為了搶先爭奪市場，必然會更依賴這三家公司提供電子零組件。未來幾年他們將成為國際四大廠在大陸地區的後勤司令部，前景無可限量。

就光寶而言，一九九八年大陸子公司認列收益九億四千二百萬元，對一九九八年底股本四十二億八千四百萬元，EPS貢獻度二・二元。年底東莞三廠電源供應器產能是

一、二廠總和，且一九九九年天津LED營收進一步擴大到十至二十億元新台幣，可較預估十億元要高出許多。以營益率二〇%以上計，起碼有二至四億元獲利；連同東莞一、二、三廠電源供應器獲利，一九九九年光寶大陸認列收益起碼較一九九八年成長三〇%。連同台灣母廠獲利，光寶一九九九年稅前獲利起碼有二十五億元以上；以一九九八年底股本四十二億八千四百萬元計，每股EPS六元以上，長線股價有看一〇〇元至一一〇元實力。

達電目前獲利百分之百集中在大陸東莞四個廠投資效益，一九九八年大陸子公司應可認列收益三十億五千三百萬元。一九九八年底新增加東莞三個電源供應器

上市上櫃公司大陸轉投資對母公司貢獻前5大

單位：百萬元

排名	公司	1998年底股本	98年大陸子公司本期認列稅前純益	98年母公司稅前純益	98年大陸子公司EPS貢獻度	98年每股稅前純益
1	達電	5580	3053	3086	5.47	5.53
2	鴻海	7346	2425	6500	3.3	8.85
3	燦坤	1103	360	549	3.26	4.97
4	光寶	4284	942	2050	2.2	4.78
5	寶成	6079	1311	3027	2.15	4.97

表6-3

廠，一九九九年稅前純益必然超過三十六億元以上，較一九九八年還要再成長二成以上。

鴻海大陸子公司一九九八年可認列二十四億二千五百萬元，以一九九八年底股本七十三億四千六百萬元計，每股EPS貢獻度三．三元，也佔母公司稅前純益六十五億元的三七％。且大陸Barebone仍然不斷擴增產能，未來獲利還會持續高成長。

所謂中概股，是指已經

鴻海股價月線

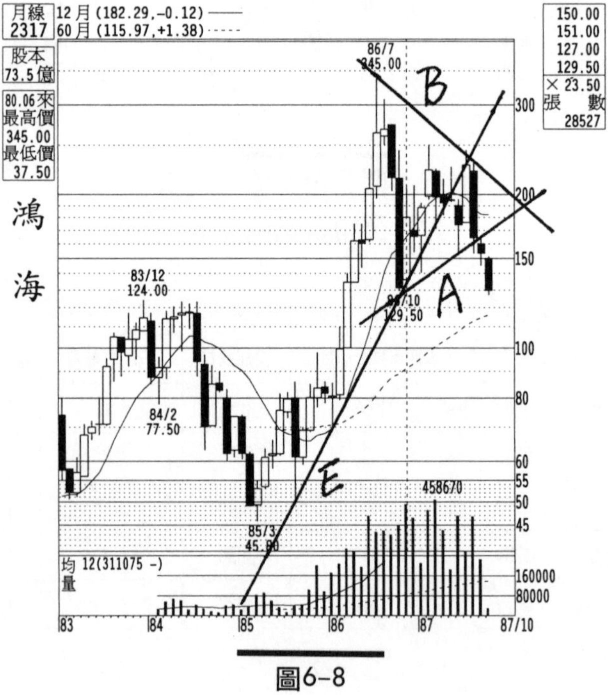

圖6-8

開花結果且獲利已進入高速成長者。光寶、達電、鴻海才是電子股中標準的中概股，是未來電子股主流，無法被任何上游或下游電子股所取代。

7

公司的誠信很重要

經營企業難免會受景氣的波及，

或因一時行銷策略錯誤，而業績衰退。

具有誠信的公司會坦然相告，市場也會以「利空出盡」來作反映。

反之，公司的誠信有問題，

將如同公司支票被銀行列爲拒絕往來戶般的嚴重。

股市進入成熟化之後，上市公司基本面成爲股價漲跌的主要依據，除此之外，大股東的誠信也很重要。

一家上市公司負責人或者大股東經營企業，難免會受景氣低迷或者一時行銷策略上的錯誤，導致業績上的衰退，有誠信的大股東會適時宣佈業績不如預期，即使股價會出現短期較大幅度下跌，下跌至二十％甚至三十％，但是公司大股東持股更多，損失更慘重。

不過，經打擊之後，公司在經營策略上必然會有所調整，祇要認眞經營，並且對症下藥，經過一段時間後公司的業績出現反敗爲勝或者比市場預期還要好時，股價的漲幅往往相當可觀。

反之，有很多誠信不足甚至有問題的公司，爲了炒作股價，往往在炒作那一段時間，所發佈的營收比平時都要特別好。在股價高檔期間，更惡劣的公司往往透過媒體，發表公司今年美好的遠景或者把正在研擬中的計劃，拿出來當題材大吹特吹，讓不知情的投資人誤入陷阱。一旦公司大股東在高檔出貨完了，就開始悶不吭聲，等一段時間過後，公司股價技術面盤完大頭，往下跌破頸線、出現大跌，甚至腰斬時，公司大股東再來發佈營收不如預期的利空，或者因什麼突發因素導致獲利目標要往下調整。這就是股票市

場常說的「利多出貨，利空補貨」，是台灣上市公司大股東慣用來坑殺散戶的技倆。

但是，股市成熟化之後，每年增加的新上市公司起碼超過五十家，連同上櫃公司加起來，起碼超過上百家，每年都有新生力軍供作選擇，投資人當然可以對上述那些喜歡用「利多出貨，利空補貨」的上市公司投下不信任票。任何公司的形象一旦在股市破產，就如同公司支票被銀行列爲拒絕往來戶同樣的嚴重，因爲投資人不敢再跟著玩了，也就是公司股票每天成交量在市場上可能只流通數百張，形同未上市股。

基本上，大股東喜歡用「利多出貨，利空補貨」，汲汲於股價的差價遠甚於經營公司事業的，這些公司的本業大多是不具遠景、前途暗淡無光的行業。

現在，有些上市公司大股東也知道投資人學聰明了，不容易隨便上當，即使拉高之後，發佈利多或者營收做得漂亮點，聰明的投資人反而會去向主管機關如證期會，要求調查上市公司實際營收內容或者是否有隱藏重大消息未發佈等，反而使原本要貪圖股價暴利的大股東自己套在高檔。由於散戶並沒有上當，大股東最後只有壓低出貨、認賠了結，這就是原本想要發掘黃金卻踢到鐵板，害人不成反害到自己。

所以，現在大部份上市公司明知道公司不好時，也不敢隨便亂發利多，以免招致不必要麻煩。他們最常用的方法就是申讓持股，有些不願大張旗鼓宣場的股東，則採取每天偷偷賣九張（證交法予董監事優惠措施，每天賣出不賣超過一萬股，不用申報），名義上，聲稱不願打壓股價，實際上，日積月累下來賣出數量比原來想按規定申讓的數量還要多。

基本上，在美、日，甚至未來台灣，高科技股由於市場競爭相當激烈，產品生命期短，公司的研發、設計、行銷策略都為市場所關注，且高科技股重視的是人才，公司的資金運用都在建廠及擴充產能，根本不可能去投資不動產，所以，高科技公司大股東的誠信，市場要求的比一般傳統產業還要嚴苛。

當高科技公司大股東將公司資金拿來買下辦公大樓，建立豪華舒適的辦公室，懂得個人享受、生活品味時，即意味著這家公司不再有過去的高昂鬥志，已經傾向守成，高科技公司一旦失去企圖心時，那麼這股價就已經不具備長期投資價值。

㈠康栢

一九九七年第四季康栢把一些高階企業用電腦及伺服器硬塞給經銷商，卻遭到ＩＢＭ降低伺服器價格衝擊，以致一九九八年第一季底庫存高達十週，第一季祇達到損益兩平。

但公司當局並沒有隱瞞事實，反而於三月上旬提前宣佈獲利不佳，使其股價由三三美元急速下挫到二三・五美元附近，短線回檔近三〇％。

但隨著第二季積極清理庫存，並且在低價電腦銷售上頗有斬獲，第二季低價電腦獲利已佔公司五十％以上。其七月份發佈庫存天數已由原先十週大幅下降爲第二季末的三週半，股價也由低檔二三・五美元漲到八月上旬三四・七五美元。

當該公司於三月上旬宣佈第一季獲利不佳、庫存擴大爲十週時，一般散戶投資人正常的反應，次日就停損賣出，能在七％內做停損賣出動作者，至少還算是短線觸覺敏銳者，屬於以短線進出賺差價爲生的投資人，通常都有信用擴充問題才會如此做。

但是，一般以自己資金爲主長線投資人，即使買在三十三美元高檔，反應不可能像短線進出頻繁的人那麼敏銳，正常的做法是會等待觀望幾天再說。

不過，股價遇基本面利空反應，在美、日及現在的台灣都是一樣的，急速拉回的速度都是異常激烈又兇又猛的，當然在由三三・五美元急速下挫到二三・五美元這一段過程中，媒體的推波助瀾（全世界都一樣），甚至補風捉影消息也會特別多，這時候就考驗長期投資人的耐力了。

(a)有些原本想要長期投資的人，受不了短線下跌的損失，聽到有分析師認爲康栢股價會跌到二十美元，而現在還有二五美元或再高一點，甚至某某著名分析師或者權威投

康栢股價週線

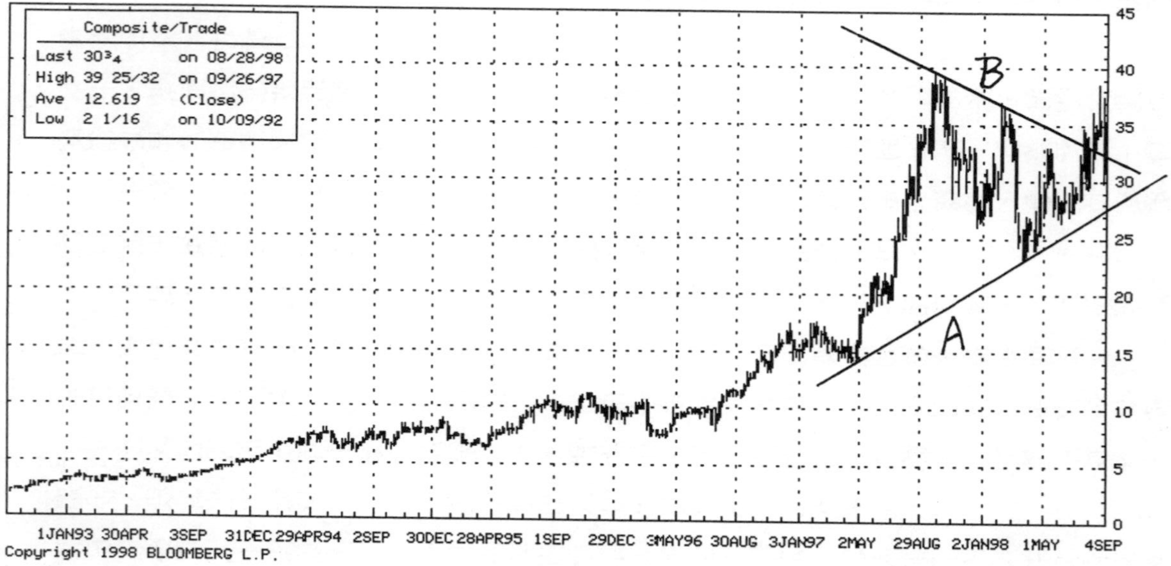
Composite/Trade
Last 30¾ on 08/28/98
High 39 25/32 on 09/26/97
Ave 12.619 (Close)
Low 2 1/16 on 10/09/92
B
A
45
40
35
30
25
20
15
10
5
0
1JAN93 30APR 3SEP 31DEC 29APR94 2SEP 30DEC 28APR95 1SEP 29DEC 3MAY96 30AUG 3JAN97 2MAY 29AUG 2JAN98 1MAY 4SEP
Copyright 1998 BLOOMBERG L.P.

圖7-1

信、投顧業者，發表第二季康栢的業績也不好，要到第三季才會有轉機等，這時候耐力不夠、信心不夠堅強的投資人可能就此崩潰，而糊裡糊塗在最低檔二三・五美元附近殺出，且從此不再去買康栢，也不願再去關心康栢低價電腦賣得好不好？

(b)相信康栢未來會有轉機的投資人，則不會去在意股價短期的重挫。反而在股價於二三・五美元止跌走穩，並且經由一段時間後，一般是二十四個交易日，股價不再創新低後，隨著股價的走穩，長線投資人會去電腦賣場或者大經銷商處，瞭解康栢第二季庫存清理情況及低價電腦銷售情形，或者直接向公司發言人套話，瞭解該公司目前營運情況。

當確認後市有轉機現象，對該公司有信心的長線投資人反而會在股價整理期間譬如二十六美元至二十八美元間，採取再加碼買進攤平動作。而這種辛苦的投資方式，最後會因公司實際利多的發佈，在股價漲回三十四美元時，不僅高檔套牢的解套，低價加碼買進的也得到應有報酬，獲得双贏。

(二)力捷

力捷股價自一九九七年六月二十七日以二七〇元除權五元股票股利後，即進行長期空頭市場修正。在去年東南亞金融風暴後，股價跌到六十七元才止跌，隨後進行一波反彈於一九九八年二月見一二一元高點。

一九九八年三月二十日公告一九九七年實際稅後盈餘八億零六百一十六萬元，較原先預測十三億四千一百三十三萬元衰退近四十%，每股稅後就股本二十九億三千八百萬元計算，EPS二・七四元。

力捷公司公告一九九七年實際業績後，股價就如同自由落體般由百元一路先跌到除權前四十五元。一九九八年六月十九日力捷以五十六・五元除權四・五股票股利，除權參考價約三十八・八元，除權後也沒有強勢填權行情，到一九九八年八月最

力捷股價月線

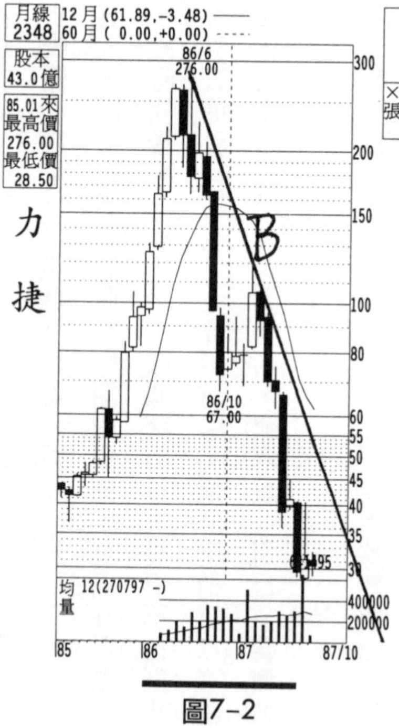

圖7-2

力捷電腦資產負債表

(1997年12月31日)　　　　單位：百萬元

項　　目	原預測數	實際數 (未經查核)	差 異 數
流動資產	8,690,413	9,544,747	854,334
現金及約當現金	206,516	535,162	328,646
應收款項	5,069,584	6,086,954	1,017,370
存　　貨	3,085,213	2,591,105	(494,108)
質押之定期存款存單	75,000	227,252	152,252
其他流動資產	254,100	104,274	(149,826)
長期股權投資	2,219,937	3,125,476	905,539
固定資產淨額	1,921,684	2,046,599	124,915
其他資產	98,063	432,424	334,361
資產總計	12,930,097	15,149,246	2,219,149
流動負債	3,210,346	6,158,690	2,948,344
長期負債	580,000	1,733,988	1,153,988
其他負債	208,948	29,939	(179,009)
負債合計	3,999,294	7,922,617	3,923,323
股本	3,073,000	2,938,699	(134,301)
資本公債	4,224,758	3,297,199	(927,559)
保留盈餘	1,634,158	991,573	(642,585)
累積換算調整數	(1,113)	(842)	271
股東權益合計	8,930,803	7,226,629	(1,704,174)
負債與股東權益總計	12,930,097	15,149,246	2,219,149

表7-1a

低殺到二十九元，八月底收盤價二十九・五元，處於貼權狀態。

力捷股價由一九九八年二月一百二十一元下跌到八月底二十九元附近，股價比腰斬還可怕，有下列原因：

(a)一九九八年三月二十日公告一九九七年財務報告，並且順勢調降一九九七年財務預測。都已經是一九九八年三月二十日了，再去調降一九九七年業績，實在是很荒唐的

力捷電腦損益表

（1997年1月1日～12月31日）　　單位：新台幣千元

項　目	原預測數	實際數（未經查核）	差異數
銷貨收入淨額	15,343,730	14,753,428	(590,302)
銷貨成本	12,660,915	12,495,940	(164,975)
未實現(已實現)銷貨毛利	(30,000)	0	30,000
銷貨毛利	2,652,815	2,257,488	(395,327)
營業費用	1,138,804	1,541,555	402,751
營業利益	1,514,011	715,933	(798,078)
營業外收入	182,195	1,599,472	1,417,277
營業外費用	231,682	1,534,015	1,302,333
稅前淨利	1,464,524	781,390	(683,134)
所得稅費用(利益)	(123,186)	24,775	147,961
純益	1,341,338	806,165	(535,173)
每股純益	4.85	3.04	

表7-1b

事。如此作法視台灣全體投資人包括眾多法人機構都是傻瓜，也讓投資人對該公司的誠信產生質疑，投下不信任票，對該公司的形象造成無法彌補的傷害。

(b)力捷一九九八年四月底公告第一季營收四十億四千六百七十二萬元，但營業利益虧損二千二百四十萬元，並加計去年結束麥金塔相容電腦善後處理損失，以致稅前盈餘虧損一億八千四百三十八萬元。

這二項相繼而來的利空，才是重挫力捷股價的元兇。

一九九八年七月十五日力捷公司發言人譚仲民表示：力捷

力捷電腦各月稅前損益預測與實際數之差異

(1997年)

月　份	原預測數	實際數 (未經查核)	差異數
一　月	71,731	135,508	63,777
二　月	69,226	102,180	32,954
三　月	94,159	83,565	(10,594)
四　月	109,545	118,814	9,269
五　月	112,482	91,915	(20,567)
六　月	114,931	(70,485)	(185,416)
七　月	95,874	120,997	25,123
八　月	110,648	61,725	(48,923)
九　月	55,004	56,105	1,101
十　月	123,785	61,202	(62,583)
十一月	166,174	207,910	41,736
十二月	340,965	(188,046)	(529,011)
	1,464,524	781,390	(683,134)

表7-1c

電腦第一季因提列 MacClone 電腦庫存損失，出現一．八億元虧損，但是第二季情況已有改善，加上力捷於六月底處分倚天電腦及力新國際股票，處分利益二．七億元，因此該公司一九九八年上半年結算，初估有小額的獲利，但股價也只短暫上漲，隨即歸於平靜。由上可知，力捷急於甩掉過去予市場不好形象，並意識到務實作風比遮遮掩掩要來得重要。

力捷以經營掃描器自有名牌爲主。掃描器自一九九七年價格崩盤以來，到一九九八年上半年都沒有止跌的跡象，產業景氣相當低迷，該公司未來如何朝其他利基型產品如數位相機、筆記型電腦等發展，並能在一定期間後有所成果，才是讓股價上漲、取得投資人再次信任的最佳方法。

公司基本面沒有大幅改善之前，大股東倒也不必太在意股價，但像一九九八年三月二十日再來公告調降一九九七年的財務預測，絕對不可再發生，否則將會令該公司形象全面破產，股價陷入萬劫不復的地步。

(三)英業達

英業達一九九七年五月三十日除權十二元股票股利後，股價於一六〇元至一九〇元整理。該公司因一九九七年上半年營收不如預期，於是隨即於一九九七年六月十一日公告調降財務預測，將原先預估稅後EPS由六・五一元降爲五・四七元。由於當時台灣電子股正值炒翻天，本益比超過四十倍以上的比比皆是，故英業達在財務向下調整公告之後，股價並沒有激烈向下調整，且守住一六〇元之上，就本益比而言也只三〇倍，且在一九九七年八月四日拉到二七二元。

一九九七年下半年東南亞金融風暴之後，英業達因有巨額匯兌收益，隨即於十二月十七日調高財務預測，再由原預估稅後EPS五・四七元調高到七・〇七元，也促使股價自一九九七年十月三十日一一一元彈升上來之後，一直守在一四〇元附近，因爲就其本益比而言才二十倍，頗具投資價值。隨後在一九九七年底至一九九八年二月二十日大行情中，股價於二月二

英業達股價月線

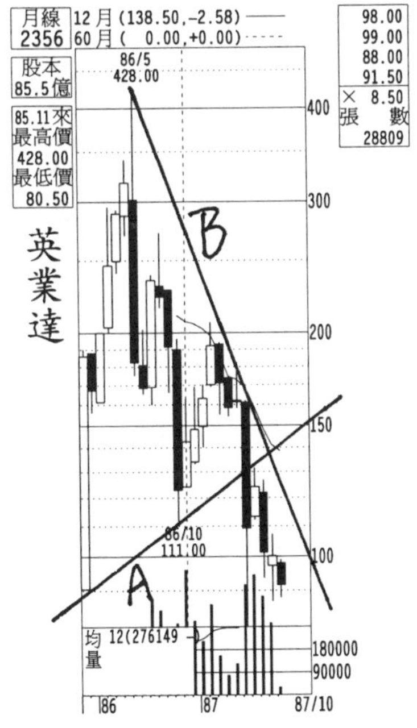

圖7-3

英業達1997年財測異動

更新後預計資產負債表

單位：新台幣千元

	更新後預測	更新前預測 (1997/6/11編製)	歷史性資訊		更新後預測	更新前預測 (1997/6/11編製)	歷史性資訊
項　目	1997年底	1997年底	1996年底	項　目	1997年底	1997年底	1996年底
流動資產				流動負債			
現金及約當現金	3,269,094	3,422,289	4,181,820	短期借款	1,430,332	1,923,965	1,298,253
應收款項	6,120,603	5,969,827	4,358,416	應付款項	4,284,212	4,755,088	4,960,517
存貨	2,842,853	3,008,762	2,296,007	其他流動負債	1,244,115	863,502	1,234,119
其他流動資產	368,552	324,932	909,932				
				其他負債	279,470	338,165	281,755
長期投資淨額	1,975,083	2,101,856	1,615,212				
				負債合計	7,238,129	7,880,720	7,774,644
固定資產淨額	2,169,825	2,226,145	1,665,553	股本	5,085,604	5,085,604	2,264,263
				資本公積	121,548	121,497	120,342
其他資產	532,708	158,792	149,579	保留盈餘	4,833,437	4,124,782	4,416,779
				股東權益總額	10,040,589	9,331,883	6,801,384
資產總計	17,278,718	17,212,603	14,576,028	負債及股東權益總額	17,278,718	17,212,603	14,576,028

表7-2a

英業達1997年財測異動

更新後預計損益表

單位：新台幣千元

	更新後預測	更新前預測 (1997/6/11編製)	歷史性資性
項　　　目	1997年度	1997年度	1996年度
營業收入淨額	41,021,171	43,591,122	43,500,247
營業成本	(36,146,521)	(38,700,522)	(37,614,680)
加：期初未實現毛利	22,745	22,745	32,588
減：期末未實現毛利	(15,521)	(26,277)	(22,745)
營業毛利	4,881,874	4,887,068	5,895,410
營業費用	(2,159,379)	(2,023,401)	(2,352,365)
營業利益	2,722,495	2,863,667	3,543,045
營業外收入	2,168,842	854,954	1,032,309
營業外支出	(249,317)	(135,143)	(216,940)
稅前純益	4,642,020	3,583,478	4,358,414
所得稅費用	(1,044,495)	(799,860)	(1,047,230)
本期純益	3,597,525	2,783,618	3,311,184
追溯調整前普通股每股盈餘(元)			14.62
預估追溯調整後普通股每股盈餘(元)	7.07	5.47	6.51

表7-2b

十日見到二〇六元高點。

一九九八年三月上旬康栢獲利不佳，股價重挫，進而拖累英業達也由二〇六元跌到一五五元，跌幅二五%，我一個朋友買進英業達由一九〇元住下攤平到一六〇元，平均成本約一七五元附近，問我怎麼辦？

我爲他做下列分析：

(a)該公司是一家具有相當誠信，足可讓投資人信任的公司，由一九九七年上半年因業績不如預期隨即公告調降財測，但下半年因東南亞金融風暴後所產生巨額匯兌收益，隨即於一九九七年十二月十七日公告重新調高財測，而在一九九八年四月三十日公告一九九七年實際稅前盈餘四十九億三千六百萬元也比重新預測四十六億四千二百萬元還要高，且稅後EPS七·五二元也比重新預測七·〇七元要高，顯示該公司財測具有超出百分之百的公信力。

(b)該公司一九九八年配股票股利六·一九元及現金增資認股率三·一四六%，每股溢價七十元，且由該公司對一九九八年財務預測，預估稅前盈餘四十四億一千七百七十四萬元，就增資後一九九八年底股本八十五億五千四百萬元計，每股稅前EPS五·一六元。

如果抱著長期投資心態，以一七五元參與除權及現金增資認股，成本可降到一〇六元，以一九九八年稅前EPS五・一六元、Q本益比二十倍左右，下半年只要電子股有行情，一定可以解套並且賺錢。

(c)我開始盯緊英業達每個月十號之前公告上月營收，並與公司財測對照，看進度是否符合。

英業達四月份營收三十億五千萬元，五月份營收三十四億八千零九萬元，頗符合其公司財測公告第二季月平均營收三十一億六千二百萬元。我告訴我的朋友不用害怕，就等著看六月份營收。

英業達財測第二季營收九十四億八千八百萬元扣除四月及五月營收後，六月份營收只要三十億元即符合公司財測，但六月份營收能相當五月份，或小幅成長，會比較好看。

當七月十日英業達公告六月份營收四十一億三百萬元，第二季營收一百零六億四千二百萬元，較公司第二季財測九十四億八千八百萬元要多出十一億五千四百萬元，也較第一季營收九十八億四千六百萬元要高時，我馬上告訴我朋友股價見到一二五元至一三〇元再出手賣掉。

因爲，由第二季營收可知，英業達第二季稅前獲利有可能會比第一季十億三千六百萬元要高，一九九八年上半年估計應有二十二億元左右，每股稅前EPS二・六七左右，比市場預期還高。

最重要的是英業達股價由八十元彈升上來，技術面直接彈升到一一〇元，是強勢上漲，回檔又不破百，第二次彈升一定會拉過一一〇元。果然英業達彈升到一三一元，而

英業達1998年度各季稅前純益預計

	第1季（未經核閱）	第2季（預測數）	第3季（預測數）	第4季（預測數）	合　計
營業收入淨額	$9,846,446	$9,488,991	$14,229,282	$17,126,065	$50,690,784
營業成本	(8,144,589)	(8,617,820)	(12,874,384)	(15,558,220)	(45,195,013)
	1,701,857	871,171	1,354,898	1,567,845	5,495,771
已實現銷貨毛利	(101,450)	—	—	16,217	(85,233)
營業毛利	$1,600,407	$871,171	$1,354,898	$1,584,062	$5,410,538
稅前純益	$1,139,913	$767,715	$1,168,606	$1,341,514	$4,417,748

表7-3

那位朋友聽我的話在一二五至一三〇元分二批出清，股子並且先融券鎖定利潤，平均利潤率約二〇%左右。

上述例子，要談的就是英業達作風給予投資人信任，而投資人也願意用長期投資心態來看待套牢股票，這種心境只有身歷其境的人才可眞正體會出來，由套牢到獲利二〇%的酸甜滋味。

英業達公告七月份營收三十四億七千二百萬元，較財測第三季月平均營收四十七億四千三百萬元，少了十三億元，這個數目不能說少，因此有必要先做一段期間觀察。但我心裡面仍傾向往好的方面去想，或許該公司正做某些調整吧，對公司的誠信始終堅定如一。

一九九八年八月十一日該公司公告買下迪吉多大溪廠，將爲康栢生產伺服器、桌上型電腦與工作站，連同原來的筆記型電腦、PDA掌上型電腦，我相信英業達第四季營收可以拉得很高，而該公司對本業認眞經營也是高股價的保證。

(四)源興

源興於一九九八年八月三日公告大幅調降財測，由原訂稅後盈餘七億二千八百零八萬元、稅後EPS一・七六元，大幅調降為稅後虧損八億七千一百九十五萬元，稅後負EPS二・○八元。該公司總經理溫生台為表示負責，引咎辭職，並改由光寶集團董事長宋恭源親自接任。

源興以生產監視器（以OEM訂單為主）及光碟機（CD-ROM）為主。而這二項產品，前者在低價電腦盛行之下，首先被排除在附件之外，不再與主機形成一比一搭配，而源興又以OEM訂單為主，且這幾年為配合BTO制度在全球設立生產基地。面臨上述衝擊，又無法以自有品牌尋求出路，且所生產的監視器又以十四吋及十五吋為主，而十四吋及十五吋在產能嚴重過剩的情況下，單價跌幅最深。

源興股價月線

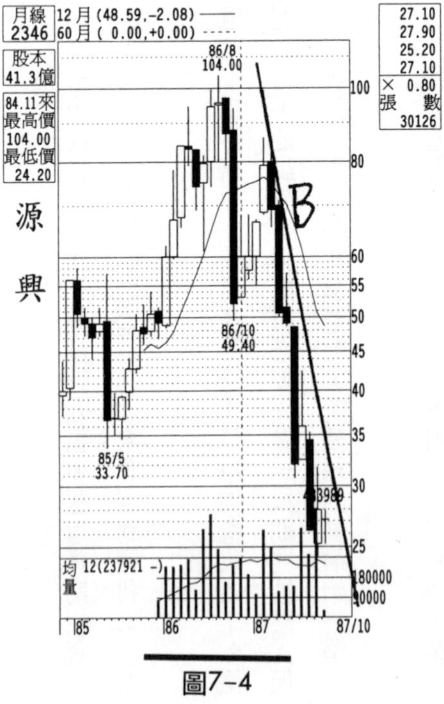

圖7-4

源興1998年財測異動
預計資產負債表

單位：新台幣千元

項　　目	更新後預測	原預測	比較性歷史資訊
	1998年12月31日	1998年12月31日	1997年12月31日
資產			
流動資產	14,688,972	13,951,005	13,410,931
現金及約當現金	3,245,443	4,047,151	3,350,566
短期投資	—	—	—
應收款項	9,213,043	8,494,654	8,456,452
存貨	2,034,448	1,171,893	1,424,876
其他流動資產	196,038	237,307	179,037
長期股權投資	5,316,229	6,550,031	4,032,170
固定資產淨額	1,753,753	1,847,811	1,490.929
其他資產	266,799	250,657	391,706
資產總計	22,025,753	22,599,504	19,325,736
流動負債	7,419,989	6,227,828	5,750,079
長期負債	6,212,184	5,981,473	6,326,636
其他負債	72,420	271,374	243,884
負債合計	13,704,593	12,480,675	12,320,599
股本	4,934,778	4,134,778	3,304,600
債券換股權利證書	—	—	20,434
預收股本	—	2,520,000	—
資本公積	3,914,129	2,314,129	2,358,748
保留盈餘	(446,240)	1,153,793	1,425,547
未實現長期股權投資損失	(84,986)	(89,638)	(87,478)
累積換算調整數	3,479	85,767	(16,714)
股東權益合計	8,321,160	10,118,829	7,005,137
負債及股東權益總計	22,025,753	22,599,504	19,325,736

表7-4a

另一主力產品CD－ROM則自一九九八年初以來，即逐步走低到三月底，二十四倍速CD－ROM跌到四〇美元，三十二倍速CD－ROM跌到四八美元，已遠低於生產成本，且後市仍看跌。

不過，源興勇於面對現實，率先大幅調降財測是很負責的做法，對該公司長期發展相當有利。另外，源興已經將不具經濟效益的台灣廠及英格蘭廠關掉，並把生產重心全數轉移到大陸生

源興1998年財測異動

預計損益表

單位：除每股盈餘以元表示外，餘均以千元表示

項　　目	更新後預測	原預測	比較性歷史資訊
	1998年12月31日	1998年12月31日	1997年12月31日
營業收入	25,396,017	32,345,510	23,929,208
營業成本	(24,900,893)	(30,687,037)	(21,892,618)
營業毛利	495,124	1,658,473	2,036,590
聯屬公司未實現毛利	(65,200)	(26,301)	(34,076)
聯屬公司已實現毛利	34,076	34,076	23,767
營業費用	(2,131,503)	(2,277,754)	(1,752,096)
營業利益	(1,667,503)	(611,506)	(274,185)
營業外收入	1,353,780	1,935,848	1,324,173
營業外支出	(670,561)	(520,568)	(373,406)
稅前利益	(984,284)	(803,774)	(1,224,952)
所得稅費用	112,331	(75,694)	(138,651)
稅後純益	(871,953)	(728,080)	1,086,301
每股純益(追溯調整)	(2.08)	1.76	2.64

表7-4b

產，這也是具有眼光的做法。

另一方面，源興積極投入四倍速DVD－ROM的生產。這項產品能否在一九九九年第二季前推出，以及數位相機的投入能否開發結果，是該公司轉型的重要關鍵。

至於筆記型電腦，離損益平衡點一萬台仍有段距離，短期間不易替公司帶來任何幫助。

從技術面來看，源興自公告基本面利空之後，股價急速下挫到二十四元附近，如此要如何判斷源興的底部在那裡!?我告訴您一個最簡單方法，等二十四天之後，低價若不再破就是底部了，若再創新低，以創新低股價之日算起二十四日後不再創新低，就是底部。

當然，源興若要大漲一定要有轉機。其一，大陸廠投資效益顯現時，其二新產品四倍速DVD－ROM切入市場成功時，這可由其股價完成長期大底，而有往上動意時，就是前述二者已發揮效益，當然這不是短期間就會實現的事情，起碼三個月內您不必去關心源興，三個月後再來觀察其基本面是否已有變化，而屆時股價走勢也會自動告訴您。

七百萬元。

㈤台積電

台積電一九九八年第一季營收一百五十七億三千六百萬元，稅後純益六十九億四千七百萬元。

但是，第二季營收僅一百一十六億元，當市場都在揣測台積電第二季獲利到底會降低多少，台積電於七月二十日率先公佈第二季稅後盈餘三十七億五千八百萬元，累計上半年稅後盈餘一百零七億元，台積電公佈後股價並沒有大跌。

台積電第一季稅後純益率四四％，第二季降到三二％，而第二季還要攤提世界先進與美國 Wafer Tech 公司的虧損，在業外虧損侵蝕本業獲利及第二季營收較第一季衰退二六％情形下，稅後獲利率有三二％，其經營績效相當令人肯定。

台積電以事實來破除市場對其猜疑，是具有高度誠信公司所應有的作為。

台積電一九九八年七月營收三十億三千萬元與六月份三十億二千萬元接近，只要八月份不再創新低，九月能正如張董事長所言景氣會回升一些，九月份營收回升，配合第四季旺季，則一九九八年台積電稅後盈餘應有一百八十億元以上，稅後EPS三元左右。

就本益比二十倍及以台積電過去經營績效、公司的誠信來看，六十元附近股價應具有長期投資價值。

當然ＩＣ代工景氣回升是台積電再次展現雄風時刻。景氣未正式回升前，其股價暫時沒有大漲條件。所以，操作台積電可在六十元附近以自有資金承接，並且抱持長期投資心態，等景氣確認回升時，獲利應相當可觀。

當然，大盤若有千點以上大反彈行情時，台積電也必然會不甘寂寞，也會有波強勢反彈，若有彈升到八十至九十元壓力區，可先獲利一趟，而當反彈結束再拉回不破六十元附近底部時，就可確認長期底部了。

8

另類思考模式

人有生老病死，股票亦然。

公司的存在，在爲股東謀取最大的利益，

而利益來自本業或轉型於高科技。

任何以金融投機炒作或不當的房地產開發來炒作股價，

都將有如泡沫，終歸幻滅。

一、股票如人生

上市公司的存在是在爲投資大衆謀取最大利益，公司的經營若無法持續成長，就會進入停滯期，一旦所生產的產品已進入成熟期，又無開發新產品能力，那麼成熟產品的利潤本就微薄，一旦進入衰退期，最後產品終必退出市場，趨近死亡。在我們周遭的生活當中，有很多產品都必須面臨「生老病死」的循環考驗，上市公司在資本市場也難逃這個宿命。

傳統產業如水泥、食品、塑膠、化纖、造紙、營運、金融、航運，從一九九〇年起的十年內若沒有轉型到高科技，或者往東南亞、大陸利用當地廉價土地及勞工，建立生產基地，儘速讓自己能夠進入世界級競爭能力，勢必面臨困境。至於寶成、豐泰，就是成功例子，股價也較一般傳統產業要高出許多。

那麼，傳統產業在面對東南亞及大陸低價產品競銷，以及全世界原料都處於供過於求壓力下，大部分傳統上市公司在一連串股本膨脹後，當獲利成長趕不上股本成長，尤其公司長期邁向虧損，前景缺乏曙光之後，股價就由高價走向低價。當股價貼近票面之際，其實已經與慢性死亡無異。

台灣每年約有五十家左右公司申請上市，也約有七十家公司申請上櫃。換言之，每年約有百家以上公司邁向新生之路，「江山代有人才出」，股市選擇的標的多了，相對的，每年也會有許多公司因產品不具競爭力或經營團隊太脆弱，或是因公司大股東誠信受到質疑，結果股價逐步邁向死亡。

以一九九八年八月三日收盤價來看，已有五十家公司收盤價低於十六元以下，如附表〔八－一〕

其實不止上述公司已進入所謂沒落期，許多早期老牌績優上市公司如水泥股台泥、亞泥，食品股統一，塑膠股台塑、南亞，都面臨空前考驗。另外，化纖一貫廠如遠東、台化，機電股大同、東元、華新、太電，營建股國建、國產，也都面臨沈重考驗。

尤其是金融類股，在面對經濟不景氣、企業倒閉陰影無法化解情況下，商銀普遍都有呆帳或壞帳的壓力。

如果未來缺乏轉機，那麼上述大型股及金融股，也將與其他十六元以下低價股一樣，慢慢走向沒落期。

即使是股市新貴電子股，在經過一九九四年至一九九八年景氣大循環之後，有許多公司的營收已經趕不上股本膨脹速度，每股獲利也逐漸衰退。這些電子股也將不再被納

1998年8月3日
股價低於16元的上市公司

公司名稱	8月3日收盤價	公司名稱	8月3日收盤價
萬　有	9.75	興　達	13.40
中　紡	9.80	裕　民	13.55
燁　隆	10.10	國　票	13.60
三　富	10.10	南　紡	13.80
建　台	10.30	緯　城	13.85
嘉食化	10.50	萬泰銀	14.00
寶　隆	10.80	長　谷	14.00
峰　安	11.10	寶　建	14.00
正　隆	11.30	太　設	14.00
東　雲	11.45	寶　祥	14.05
燁　興	11.45	中華銀	14.10
潤　建	11.95	太　子	14.10
榮　成	12.20	春　源	14.25
福　壽	12.50	嘉　益	14.30
力　霸	12.70	大安銀	14.35
華　票	12.75	聯邦銀	14.55
華　隆	12.80	羅　馬	14.90
興　票	12.80	國賓瓷	15.00
新　興	12.80	南　僑	15.00
大　亞	12.90	嘉　畜	15.10
彥　武	12.90	上　曜	15.30
怡　華	13.05	大　鋼	15.30
第　一	13.10	萬通銀	15.30
永豐餘	13.15	凱　聚	15.60
新　纖	13.30	台　紙	15.70

表8-1

爲高科技類股，而被視爲傳統產業股看待。

雖然過去有許多經營績效不彰的電子股，祇需掛上「電子」二字，在一九九七年電子股狂漲下，就可享受比一般傳統產業股貴好幾倍的身價，但隨著股市邁向成熟、老化之後，這些績效不彰的電子股也逐一露出眞面目，回歸到二十多元的低價股。

表〈八—二〉是我在《非凡商業周刊》第六十二期時曾舉例說明的對照表。日月光股本膨脹六．七倍，一九九八年營收公司預估一百七十二億元，在目前IC低迷下恐怕無法達成，即使達成，成長幅度也僅二．五倍。其餘如聯電股本膨脹五．二倍，一九九八年營收三百億元也無法達成，達成也祇有一倍。即使如台積電四年來股本膨脹六．七倍，一九九八年營收預估也祇有六百億元，僅成長二．一倍。另外，如國豐股本膨脹三．六倍，但營收祇成長十%；國巨股本膨脹七倍，營收祇成長一倍，即使連同海外子公司營收，也頂多有五十五至六十億元，祇成長二．五至二．七倍。上述公司營收成長已經趕不上股本膨脹速度，不易再享有高益比。

所以日月光一九九八年除權七．二元股票股利之後，股價貼權由一一三元直挫到四六元附近，股價腰斬，主要是日月光一九九八年恐怕無法順利釋出福雷二次承銷所帶來的利益，而本業又受制景氣低迷，一九九八年本業要獲利五十億元恐怕不易，每股稅前

1994年至1998年
電子股股本膨脹與營收成長比較表

單位：億元

名稱	A 1994年股本	B 1998年股本	$\frac{B-A}{A}$ 股本成長率(%)	C 1994年營收	D 1998年營收	$\frac{D-C}{C}$ 營收成長率(%)
聯電	86	533	520	152	300	97
日月光	23	178	674	49	172	251
國巨	13	105	707	16	32	100
台積電	78	605	675	193	600	210
國豐	11	51	364	54	60	10
光寶	21	43	105	64	170	166
旭麗	14	27	93	18	59	228
華碩	5	81	1520	34	354	941
華通	14	43	207	36	130	261
鴻海	13	73	461	66	320	385

註：單位採億元以下用四捨五入，如華碩1994年股本4億5千萬，四捨五入後爲5億，誤差較大，其餘誤差不大。

表8-2

EPS不到三元，股價先行跌到合理本益比。

國豐即使一九九八年第一季獲利十九億三千三百多萬元，但全數來自業外，也不被市場認同，股價除權後由五四元下跌到三二元，其餘如聯電、台積電、國巨，除權後即使沒有貼權，但填權力道卻相當薄弱。

反觀股本膨脹有限，而營收成長遠大於股本膨脹速度的，則有光寶、達電、旭麗、鴻海、華通。

由表〔八—二〕中還發現一九九四年光寶與日月光、旭麗與國巨股本是一樣的，四年後光寶與旭麗還是中小型成長股，但是日月光股本一百七十八億元，國巨則是一百零五億元。

所以，我預言光寶與旭麗都必然會填權，事後都驗證，光寶以八三元除息權、一元現金股息、二元股票股利，除權後不僅填權，還漲到九一元。

旭麗以六九元除息權、一．五元現金股息、二．五元股票股利，除權後短期間內不僅完全填權，也是一九九八年電子股第一支完全填權者，甚至填權後還漲到八八元，距除權後參考價五四元有近六二％差距，主要是一九九八年第二季旭麗營收逐日創新高，且下半年HP掃描器有大訂單出貨下，鍵盤及導電橡膠又持續成長。

達電以一一五元除權、一．五元現金股息及二元股票股利，除權後股價短期間內強勢塡權並且漲到一三二元。

所以，增資祇是中性效應，如果大幅增資後會嚴重稀釋股本，使每股獲利大幅降低，則股價除權後必然會向下反映。

反之，在營收成長幅度大於股本成長幅度內的增資，增資後，公司獲利成長性並沒有減少，甚至還要再提高，股價除權後仍會享有較高本益比，塡權機會很大，也值得參與除權。

台灣股市目前已有六十七家上市公司股本超過百億元，而這些公司大部分每年不斷無償增資配股，少有公司分配現金股息，造成股票愈印愈多後，如今變成「股票淹肚臍」的時代。

證期會有意在一九九九年度強制上市公司一半配發現金股息、一半盈餘配股，不能再全數配發股票，以抑制籌碼的擴張。

現在的問題，不在於證期會行政命令能否貫徹，最重要關鍵在於股本百億元以上的公司都是屬於獲利不再成長，甚至獲利逐年衰退的傳統產業股。要這些公司配發一元現金股息，起碼要拿出十億元以上現金，除非是向銀行借錢，許多公司根本就無法拿出十億元現金當股息發放。

甚至有許多IC公司，在產業景氣低迷下，一九九八年要發行ECB及國內可轉換公司債，發行條件已經愈來愈苛刻，發債條件即使再優厚，也不見得會讓國內外投資人有興趣去認購，而IC製程每隔一段時間就要進入另一個世代交替，不進則退，甚至被淘汰。在這種情形下，以聯電爲例，若配發一元現金股息，等於要拿出五十多億元現金，這麼大數目對公司經營是否會帶來不利的影響，相信該公司決策者的考慮絕對會比證期會的行政命令還要重要。

二、投機炒作終歸幻滅

一九八九年十二月日經指數由三八九一五點反轉進入長達九年的長期空頭市場，最主要的因素即是泡沫經濟的消失，而泡沫經濟的消失則來自炒高的房地產像汽球般的破滅。

日本一九八〇年至九〇年房地產投機炒作，所盛行的Q比率即重置成本觀念，主要炒作資金是來自於國內各大財團及金融保險機構，並沒有所謂外來國際性投機資金炒作，所導致後遺症就已經是由全體國民負擔。所幸日本還算是全世界工業生產設備最齊全者，生產的產品極具世界競爭力，而且科技亦頗爲先進，日本人不服輸的武士道精神，更使其具有賺錢的精神及意志力。

反觀，東南亞國家如泰國、菲律賓、印尼、馬來西亞、越南、柬埔寨等，在一九九七年六月之前的經濟繁榮，純粹是外力所造成。

國際性熱錢大舉介入東南亞國家，炒作股票及房地產，炒高之後脫手，最後再在匯率上放空，猶如在傷口上再撒一把鹽巴，使得傷口更形惡化，也難怪馬來西亞總理馬哈迪視這些國際熱錢比強盜及國際恐怖分子還要令人痛恨。

實際上，東南亞國家截至一九九七年上半年前的那幾年經濟繁榮假象，對當地老百姓的國民所得提升相當有限，而國家財富及各種獨佔事業仍然集中在獨裁者家族及親朋好友手中。

東南亞地處於亞熱帶，長年高溫，使得當地土著生性懶散，空有豐富資源，卻無法善加利用，祇能生產傳統性工業產品或廉價產品，或者出口天然資源來賺取外匯。

所以，蘇哈托一垮台，印尼暴動，把外資全嚇跑了，而其國家本身又積欠龐大國際債務，故東南亞經濟要復甦，恐怕在公元二〇〇〇年之前都沒有希望。

中國大陸雖然在少數地區有經濟泡沫，如上海及北京被炒高的房地產，但問題還不算太嚴重，而這些被炒高的房價是因外資介入，而非當地人民的需求，尤其是台商。台商到大陸，以台灣炒作房地產手法在上海、北京蓋高爾夫球場、高級別墅，所套牢資金在公元二〇〇〇年前想要抽身，相當不容易。

另外，我們以台灣目前適婚年齡生育率居然每一位婦女祇願生一·五九個小孩來看，比法國、美國這些先進國家還要低，人口普查專家已經暗示生育率再不提高，二〇一〇年以後台灣人口將正式進入負成長。

目前，台灣空屋數量有上百萬戶，起碼可供四百至五百萬人口居住。試想在台灣居民房屋自有率已經高達七成以上，這麼多空屋要賣給誰呢？

當世界地球村化，人與人距離更拉近之後，人們會更關心人文、環保、生態保育，而賺錢及急功好利的心態將在新新人類身上漸漸降低。

我個人反而認爲重視人的生命、人文精神、注重環保與生態保育的歐美先進國家的不動產，反而會成爲未來房地產的要角，做爲避暑勝地或者休閒用地，而凡具備假期天堂的不動產，都會成爲二十一世紀有錢富豪的炒作重心。

一九九六年七月四日至十八日，我帶著老婆、二個女兒參加旅行社的加大拿全境旅遊。在渥太華時，我因急性十二指腸大出血，於半夜在老婆及領隊陪同下，被送往渥太華國家醫院急救，抵達後馬上有四個醫生及護士進行緊急處理。當我表示身上並沒有太多美金以及不使用信用卡時，醫院負責人要我安心，祇要把我護照影印下來，等我回台灣之後，以加拿大醫院收據申請醫療給付，事後再用電匯支付即可。

醫生緊急處理完之後，馬上通知主治大夫。主治醫師帶來三個助手，而先前緊急處理的四位醫師及護士則把處理過程詳細交代給主治醫師。

主治醫師在瞭解一切情況之後，馬上爲我做詳盡檢查，然後告訴我，十二指腸有一個破洞，明早八點三十分他們的教授，也是當地這方面的權威會來醫院，用最先進技術幫我治療，如果傷口無法迅速癒合，就要馬上動手術切除。

次日早晨，教授準時到來叫醒我，要我別緊張，並告訴我他會用一根具有探照燈的管子，在螢幕上找到傷口，並會由管子注射清涼藥劑，注射完再在觀察室觀察二個小時，一切ＯＫ就可轉到普通病房住二天即可出院。

我的十二指腸長期潰瘍就是在渥太華國家醫院治好的，而且在我住普通病房二天期間，偌大病房大約有十二至十五坪，祇有四個病床，卻祇住我及另一位領退休金養老、講法語的老年痴呆症患者。那二天期間，我深深體會醫院護士對老年人的尊重與愛護。老年人喜怒無常，護士全然不在意，還幫他餵食及推動他的輪車到花園散步。而陪我前來照顧我的內人，則在緊鄰醫院親屬公寓租屋，每天祇要十元美金。

我在渥太華住院三天七十二小時，接受近八位醫師及多位護士照顧，雖然三天費用十萬新台幣，我卻認爲相當值得。這種待遇在台灣除非是達官貴人或者皇親國戚，相信十年後也無法享受生命是如此的受重視。

渥太華醫院檢驗科張主任是早期國共內戰時，剛好在加拿大留學的中國人，來自上海，他主動做我的翻譯，三天後我出院時還與內人到他家裡接受二天招待，兩天後再與內人由渥太華直飛多倫多繼續未完的旅程。

我住在張主任渥太華寓所二天期間，他工作之餘也有投資美國股票，而且是清一色科技類股。他的住所大約是二層樓別墅，後面有一個大游泳池，前面約有二十坪花園，地坪約八〇坪至一〇〇坪。我問他這樣一棟房子要多少錢，他告訴我二十五萬美金，以台灣當時新台幣匯率二七．五元兌一美元，不到七百萬新台幣。我與張君自此成爲好朋友，常有書信及傳眞、電話往來。

有一位房地產大財團的接班人在媒體表示：他相信台灣有上百萬空屋量，未來會有每坪六萬元房子，但是，也會有一坪七十萬甚至百萬元高級住宅。

純就商業角度觀點，這位財團接班人以他有市場行銷學的經驗來說明，是正確的。

但是，一個已進入已開發國家的台灣社會，如果無法專注於人文教育，重視生命財產的安全，重視環保，重視人命價值不分貧富及特權，那麼台灣房地產會有多大前途是令人質疑的。

現今，台北市高級房地產每坪動輒四十至五十萬、七十萬甚至上百萬行情，這些房子購買者就如同有錢人到古董或者名畫拍賣會現場，穿著高貴、出入豪華轎車，舉手買下高貴古董名畫的少數金字塔尖端的人。

我認識一位財團第二代，居住在高級住宅區，他告訴我回到家裡是絕對的安全，但是人是要動的，每天他在出門或回來都要用不同的時間，以免被人盯梢。您說有錢人住這種高級住宅難道祇有歡喜嗎？禍從天上掉下來，是他們最害怕的。

我還認識一位由績優上市公司高級主管退休下來的長者，他告訴我，他一年總要出國四至五趟，純粹是旅遊，到歐美先進或者治安安定的文明國家，一年有一半以上的日子是在國外，留在台灣的日子就是把身體養好、勤加運動，居家環境則愈單純愈好，穿著儘量簡單，出門則以公車代步。留在台灣的日子就是爲下次出國做準備，他這種生活已過了近五年，好不愜意。

我在想哪天當我對股票市場已經不再熱愛了，這樣的生活方式會是我的寫照。

這二年來台灣股市有一個最大特色，就是任何瘋狂的投機個股大炒作，到最後終歸會幻滅，炒作時憑藉著籌碼面優勢，公司製造出來的遠期利多，再配合技術面軋空行情，創造出來的漲幅都令人嘆爲觀止。

當然，公司所製造的遠期利多，無非是營建入帳利多或者是土地開發、資產活性化等等。

其中最突出的二支個股，即一九九七年十一月昱成及一九九八年七月台鳳。

(1)昱成

昱成股價由一九九七年九月二十二日六一・五元拉升到當年十一月六日二二三元。當時東南亞金融風暴正襲捲全球金融市

昱成股價月線

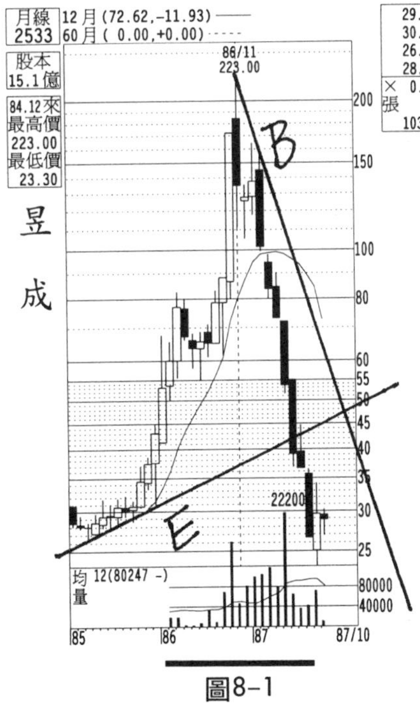

圖8-1

昱成建設(股)公司1998年第1季財報

a.資產負債表

(1998年3月31日)　　　　單位：新台幣千元

代號	項目	金額	代號	項目	金額
	資　　產			負債及股東權益	
11××	流動資產	4,027,173	21××	流動負債	3,021,835
1100	現金及約當現金	25,082	24××	長期借款	892,200
1110	短期投資	193,391	28××	其他負債	13,466
1120-1150	應收款項	136,803	2×××	負債合計	3,927,501
1160-1190	其他應收款	38,168			
1210	存貨	3,527,909	31××	股本	1,351,627
1260	預付款項	8,227	32××	資本公債	4,394
1280	其他流動資產	97,593	33××	保留盈餘	349,439
14××	長期投資	225,867	3×××	股東權益合計	1,705,460
15××	固定資產淨額	1,277,331			
18××	其他資產	102,590			
1×××	資產總計	5,632,961		負債及股東權益總計	5,632,961

b.損益表

(1998年1月1日至3月31日)　　　　單位：新台幣千元

代號	項目	金額		1998年度財務預測 (1997/11/27編製)	達成率 %
		小計	合計		
4100	營業收入		115,806	4,205,443	2.75
5110	營業成本		66,718	3,224,402	2.07
5910	營業毛利(損)		49,088	981,041	5.00
6000	營業費用		22,206	241,732	9.19
6900	營業淨利(損)		26,882	739,309	3.64
7100	營業外收入		12,418	315,635	3.93
7500	營業外支出		18,990	153,420	12.38
7510	利息支出	15,888		152,220	12.21
7520-7880	其他營業外支出	402		1,200	33.50
7900	本期稅前淨利(損)		20,310	901,524	2.25
8110	所得稅費用		(3,418)	(51,026)	6.70
9600	本期稅後淨利(損)		16,892	850,498	1.99
9750	普通股每股稅前盈餘(元)		0.12	6.29	1.91

表8-3

場，台灣股市也無法避免重挫，由一九九七年八月二十七日一〇二五六點一路下跌到十月三十日的七〇四〇點。昱成就利用股市全面重挫，看不慣上漲的人拚命放空，再藉著籌碼面優勢，軋空至十一月六日二二三元。

股價由二二三元滑落後，公司當局於一九九七年十二月三日就率先公告一九九八年財測。

昱成一九九八年財測中營收四十二億元，主要來自「摩天高雄」案獲利約七億多元，及轉投資收益、處分投資收益達三億餘元，扣除業外支出後，預估稅前盈餘可達九億元，每股稅後EPS六・二九元。

昱成屬於高市建商，與同業寶成建設及長谷建設在高雄市各擁有一棟超高層辦公大樓，且仍有許多餘屋未出售，而高雄市餘屋量在全台灣來講是屬於排名前幾名的，寶成建設一九九五至一九九七年平均每股稅後純益〇・六五元，長谷則是〇・九七元，這二家公司的股價長期以來大都處在二十多元低價股。

論公司歷史，寶成於一九七九年設立，長谷於一九七八設立，皆比昱成於一九八五年設立要來得早。論營收，由一九九五至一九九七年寶成累計營收一百二十億元，長谷一百一十五億元，昱成則祇有五十一億元。論規模，在高市建商中，昱成遠比不上寶成與長谷。

昱成公司據稱已經跨入高科技行業，但一九九八年第一季長期股權投資明細表，智翔電腦投資額三千八百萬元，聖典科技投資額三百萬元，康駿電信四百五十萬元，這麼小的投資額能替公司帶來多大利益呢？令人存疑！

一九九八年上半年該公司每股稅後純益EPS僅〇．二四元，一至七月營收僅二億八千四百萬元，距年度營收四十二億元祇有不到七％。

一九九八年七月二十一日，報載昱成建設因爲推案以不實廣告促銷，導致購屋者向法院提出解約訴訟；七月二十日，高雄地院判決昱成敗訴，必須返還二十多位消費者共六千多萬元購屋費用。該公司表示不服判決，將提起上訴。

昱成建設1998年第1季
長期投資明細

(1998年3月31日)

被投資公司名稱	金額(千元)	持股比例(%)
榮久營造股份有限公司	$180,367	43.96
聖典科技股份有限公司	3,000	14.29
智翔電腦股份有限公司	38,000	13.89
康駿電信股份有限公司	4,500	18.00
合　計	$ 225,867	

表8-4

一九九八年八月底，台北市信義計畫區土地流標，造成台灣資產股及營建股大跌，而資產壓縮效應正瀰漫著，是否會影響到一九九八年底昱成「摩天高雄」的入帳呢？

由於房地產銷售與一般產品不同，交屋前自有資金不會超過三〇%，建商最大營收來自於交屋後的房屋貸款，佔總價款七〇%以上。

房地產不景氣，是否造成原先預售戶退訂，使該公司原訂營收四十二億元無法達成，證期會似乎應該派人前去瞭解。

如果昱成「摩天高雄」因預售戶退訂數量龐大，而影響到一九九八年財測的正確性，往後餘屋將對其資金形成壓力。

即使「摩天高雄」順利入帳，一九九九年昱成的營收又要從何而來，這也是台灣營建上市公司未來業績不確定性所帶來的通病。

不過，昱成股價由一九九七年十一月二十三日二三三元反轉下來，跌到一九九八年八月三十一日二十六．五元，跌掉了一九六元，跌幅高達八八%，也可算是「世界奇譚」。

(2) 台鳳

台鳳打著開發屏東龍泉新市鎮、國土改造計畫，並且在未來一至二年將處分大筆閒置土地資產，可望帶來龐大收益下，股價由一九九七年十月十七日六六元漲到一九九八年七月初二五七元。上漲過程中間包括一九九七年十二月十三日辦理溢價現金增資，每股七十元，認股率二七・四％及一九九八年六月九日除權四・五元股票股利，以七月初二五七元換算回來一九九七年十月十七日相當於四三七元，即一九九七年十月十七日六六元漲到四三七元，漲幅五六二％，買到台鳳的人在不到九個月內賺五・六二倍，猶如中了美國樂透第一大獎。

台鳳股價月線

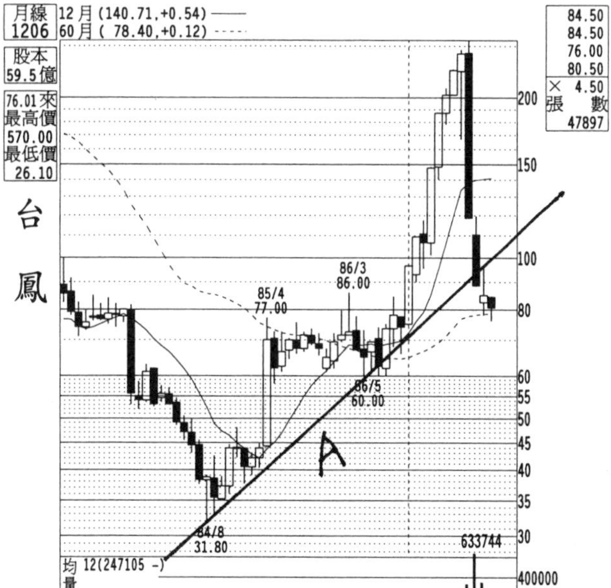

圖8-2

實際上，台鳳目前股本近六十億元，就算龍泉新市鎮在未來幾年開發成功，屆時台鳳搞不好已經是股本二百多億元以上的龐然大物，一九九八年七月初的二五七元，實際上已經把未來幾年長期利多完全反映完了。

反之，龍泉新市鎮開發案在未來幾年若出現變卦，畢竟期限太長了，而這段期間台灣房地產景氣及國內政治、經濟存在太多不可預料的變數，屆時股價又將做如何的利空反應呢？

一九九八年上半年，台鳳稅前純益十四億二千七百萬元，主要是來自子公司在一九九七年底低檔時大量買進而在高檔出脫的獲利。

但是，台鳳由七月初二五七元反轉下挫，子公司曾花費數十億元資金，在高檔一九八元附近買進大量台鳳股票，而台鳳由二五七元反轉直接下挫猶如自由落體跌到七八元才止跌。目前關鍵在一九九八年九月三十日台鳳收盤價在什麼位置？如果股價很低，恐怕第三季子公司必須要提列大筆投資虧

1998年7月

台鳳子公司持有台鳳股票一覽表

公司名稱	持有張數	平均取得成本(每股)
鳳　都	8,600張	91.6元
鳳　翔	9,800張	145　元
鳳　華	19,000張	198　元

資料來源：1998年7月16日《工商時報》第3版

表8-5

損，屆時會把一九九八年上半年賺的十四億全部吐出來還不夠賠，則一九九八年台鳳能否完成稅前純益預估五十億元就不無疑問？

台灣房地產景氣好不好，看老牌營建股國建就知道了。國建一九九八年一至七月營收祇有近二十一億元，祇達成全年預估營收目標一百一十四億元的一八・四％，而股價在一九九八年八月七日已跌破二十元，八月更殺到十七元。由一九九〇年天價一六八元下跌到一九九八年八月底十七元，是十年來歷史低價，而十年來國建每年都有獲利，即使一九九五至一九九七年這三年來國建平均每股稅後純益ＥＳＰ一・三元，而截至一九九八年上半年止其自有資本比率仍高達六六・六％，幾乎沒有什麼負債，是台灣所有營建上市公司中財務結構最健全者。連國建股價都如此悽慘，要說台灣房地產會好，又有誰會相信呢？

9

看對大盤又怎樣？

長期投資的致勝法寶

在於持有每年營收與獲利皆會呈現大幅成長的績優股。

它們將無視於大盤多空的轉換，

股價長期趨勢永遠是往上的，

讓長期投資者買得安心，睡得放心，賺得開心。

一九九六年七月中旬我住在加拿大渥太華一位友人處。友人除了工作外，也是以股票投資做為理財工具，以美國股市為主，並訂有一份週刊。

他把投資的個股基本面及技術面告訴我，並徵求我的意見，然後那份週刊我拿起來翻閱了一遍，看完之後我楞住了。

美國股市上市及上櫃加起來超過二千三百多支個股，那份週刊厚厚一疊，每支個股圖形都有，但是我發現其中有九〇%以上個股，週線圖上居然是長期（好幾年）一條水平線，上下波幅約十%，眞正有股價波動的約十%，大約有二百五十支左右。

我終於瞭解什麼叫做成熟化及老年化的市場。

台灣股市這幾年來正在進行一場革命性結構改變，絕大部分水泥、食品、化纖、營建、金融股經長期盤跌，股價持續破底，有人說已經跌到指數三〇〇〇點價位，有人說是二〇〇〇點，不管是幾點，股價沒有跌到盡頭，就不會止跌；跌到盡頭了，就會像我看到的美國股市個股週線圖一樣，靜止不動，長期好幾年波動大約祇有一〇%，週線圖就會變成類似水平線一樣。

所以，看到這種靜止不動的週線圖，就算你技術分析再厲害又有啥用呢？買點在哪？賣點又在哪？KD、MACD、RSI、心理線、威廉指標、乖離率有用嗎？通通都沒有用。

這二年來我深入研究美國股市，發覺按技術分析操作科技股的投資人獲利都有限，搞不好都還要賠錢。

每次美國股市大盤下跌，科技股也跟著跌時，有些好公司拉回破頸線，看線路的人一定殺出，保證讓你殺到最低點，甚至當天或次日就強力彈升上來，讓你傻眼。

經由一段時間研究後，我發現一個癥結所在：「有基本面，才有技術面」。

譬如有一家科技公司，今年預估ＥＰＳ二元，明年ＥＰＳ三元，類股本益比三〇倍漲到七〇元，而頸線位置六〇元，拉回時破六〇元，技術分析叫破線。你破線殺出，人家依基本面選股的人認爲今年ＥＰＳ二元，明年ＥＰＳ三元，破六〇元，擺到明年本益比祇有二十倍，當然值得長期投資，就把你殺出的持股買回去了。

所以在成熟市場，祇有具備基本面的個股股價走勢圖才會有波動，但是，決定股價波動趨勢的仍是上市公司基本面，即本益比。所以，未來專業報紙若無法提供上市公司基本面正確又迅速的消息及分析，則銷量必然會大幅衰退，日刊根本不需要那麼多圖形，因爲有九十％以上個股都屬於波動有限，好像一條水平線，需要去佔用那麼多版面嗎？週刊的市場會比日刊有潛力。

股市成熟化、老年化之後，台灣有九十%以上的投顧公司都會自動關門，因爲要推薦一支個股，單純用技術面，市場根本不會去認同。

但是，若要講究基本面，就不是想像的那麼簡單。

有許多分析師慣常拿當天早報或晚報上電視講盤，似乎報紙上寫的都是眞的。這樣祇告訴投資人今天的消息，但是，對未來三個月甚至半年後的基本面，以及明年的預期，若無法做深入的研究分析，光從表面的消息，市場根本不會認同，那麼所推薦的個股也不見得就會漲。

我舉一個實例，台灣股市有許多塑膠、化纖、鋼鐵，在長線第一波於一九九四年八月七二二八點見到最高價後，即使在長線第三波最高點一九九七年八月二十七日一〇二五六點的價位距一九九四年八月最高點七二二八點的價位，都還是處於腰斬；而在長線第四波修正，由一〇二五六點下跌到破七〇四〇點時，有許多塑膠、化纖、鋼鐵價位距一九九四年八月最高點七二二八點的價位祇剩下不到三折，好一點的，也是腰斬。這些股票仍持續盤跌中，大部分塑膠、化纖、鋼鐵都回到二十多元，甚至十多元的低價股。

我請問讀者，就算你看對了大盤會跌，沒錯，也跌給你看了。大盤持續盤跌到六二一九點才止跌，有許多十多元低價股，自大盤跌破七〇四〇之後，持續破底創新低，等大盤跌到六二一九點，股價距七〇四〇價位又重挫二至三成，你有去放空它嗎？搞不好你認爲股價太低了，乾脆放它一馬。

大部分散戶的心態，會認爲十多元低價股有什麼好放空的，沒興趣，而錯失了賺取二至三成的利潤。

台灣股市這幾年來走的是基本面行情，任何投機個股的炒作，到最後終歸幻滅。**但是，台灣股市也有一個與衆不同的特性：價低配合有題材時就有利於炒作。**

所以，當行情跌到六二一九點，有許多走了四年空頭市場的塑膠股，以台苯爲例，一九九四年八月買在最高價一二九元，歷經一九九五至一九九八年除息權配股後，成本價位仍在七七元，股價殺到一七元，祇剩下二二%。同理聯成一九九四年八月最高價九一・五元，歷經除息權後，成本五三元，股價殺到一三・三元，祇剩下二五%。福聚一九九四年八月最高價一百元，歷經除息權後成本剩下七六元，股價殺到一七・五元，祇剩下二三%。

情況較好的亞聚，一九九四年八月最高價八一元，歷經除息權後，成本剩下五二元，股價殺到二二・八元，也是腰斬，祇剩下四四%。

由上述可知，台苯、福聚、聯成歷經一九九四年八月至一九九八年九月，四年空頭下來，股價祇剩下骨頭，亞聚則腰斬。

正如前所提示的，低價就是優勢，在大陸洪氾，及人民幣未貶的情況下，一九九八年九月份加緊進場採購，致塑膠原料行情PVC、PE、PP，皆有明顯反彈。

塑膠股就在低價配合消息面炒作，藉由軋空行情，股價由低點彈升上來，漲幅都有一倍，差的也有五至八成。

我以一九九八年十月七日資券餘額來分析，台聚融券五萬七千四百三十七張，融資十萬零二百六十三張，券資比五七・二％；亞聚融券一萬八千二百七十七張，融資二萬六千四百三十五張，券資比六九・一％；台苯融券二萬九千八百六十七張，融資七萬三千一百一十四張，券資比四〇・八五％；福聚融券二萬九千四百五十六張，融資四萬零九百四十張，券資比七一・九五％；聯成融券二萬二千一百零一張，融資八萬二千三百九十張，券資比二六・八二％。

由上分析，顯然散戶在塑膠股融券太多，是造成塑膠股大漲的主要原因，散戶肯定又是最大的輸家。

但是，多頭也不要太過得意。

景氣行情的股票，最大特色是一波到頂，然後開始做擴散型大頭部。

塑膠股不易再出現台苯一九九三年八月最低價十三．八元，然後一年內炒作到一二九元，暴漲八．三倍，這種盛況不會再出現。

最主要的原因，一九九四年塑膠原料行情大好時，亞洲地區石化廠祇有日本與台灣有較大產能，韓國尚未擴充，但歷經四年後，東南亞泰國、新加坡、馬來西亞、印尼新廠增加數量甚多，而中國大陸石化廠規模更是凌駕各國之上。

由於東南亞及大陸各石化廠人工成本祇有台灣的三分之一，韓國又以內銷補貼外銷聞名，而台灣進口關稅祇有五％，是亞洲地區最低者，以及台塑六輕於一九九八年十月完工量產，過多的產能皆可能使市場競銷更為激烈。

所以，塑膠原料行情即使大好，也不可能再有一九九四年的盛況。

甚至，我認為塑膠原料行情將如同大宗物資商品及黃金，長空格局很難改變，任何反彈祇是長期下跌的修正，等買氣衰竭之後，又要回復長期下跌趨勢。

所以，散戶在塑膠原料股彈幅達一倍之後，再盲目去追價，極有可能買到最高價。

但是，在擴散型頭部未完成、股價未有效跌破二十四日線支撐之前，也僅能在月線大反壓區先行做短空因應。

但是，有遠景的電子股就不一樣，以光寶、達電、華通、鴻海來分析。

1994年8月～1998年9月
具代表性塑膠與電子股漲跌幅比較

單元：元

名稱	1994年8月7228點 最高價	1995年～1998年除息 權後成本價位A	1998年9月以來 最低價B	漲跌幅 $\frac{B-A}{A}\%$
光寶	69	33.8	60.5	80
達電	90	41.5	77	85
華通	98.5	31.6	180	469
鴻海	124	30.1	127	322
台苯	129	77	17	−78
聯成	91.5	53	13.3	−75
亞聚	81	52	22.8	−56
福聚	100	76	17.5	−77

表9-1

光寶一九九四年八月七二二八點最高價六十九元，歷經一九九五至一九九八年除息權後，成本祇剩下三三．八元，如果以一九九七年八月最高價一七四元，股價還原到一九九七年，成本四〇．五元，漲幅三．三倍，即使沒有在去年最高價賣出，持有到現在，以一九九八年十月最低價六〇．五元，也有八〇％的漲幅。達電一九九四年八月最高價九十元，一九九七年八月最高價二二九元，股價經除息除權還原到一九九七年，成本四九．八元，漲幅三．五九倍，即使沒有賣出，持有到現在，以一九九八年十月最低價七十七元，漲幅八五％。華通一九九四年八月九八．五元，以一九九七年八月最高價三一二元，股價經由除息除權還原到一九九七年，成本四四．二元，漲幅六．〇五倍，即使沒有賣出，持有到現在，以一九九八年十月最低價一八〇元，漲幅四．六九倍。鴻海一九九四年八月最高價一二四元，以一九九七年八月最高價三〇七元，股價經由除息除權還原到一九九七年，成本四二元，漲幅六．三倍，即使沒有賣出持有到現在，以一九九八年十月最低價一二七元，漲幅三．二二倍。

我們以表〔九－一〕一九九四年八月至一九九八年九月具代表性塑膠與電子股漲幅比較，即使以一九九四年八月七二二八點最高點，現股買進塑膠及電子具代表性個股，歷經四年後，這波塑膠股就算反彈一倍，亞聚仍虧損十至十三％，其餘台苯、聯成距一九九四年八月最高價歷經除息除權後成本價，仍處於腰斬，福聚就算反彈到四十元，距一九九四年八月最高價百元歷經除息除權後成本價七六元，仍有四七．三%的跌幅，與我們前述分析有前景的電子股長期投資下來的結果，完全是極端懸殊的表現。

我們前述提及電子股靠炒籌碼投機的時代已經結束，未來會有大幅上漲空間及具有長期投資價值的電子股，必然是具有產業代表性龍頭，專心於本業、研發能力甚強且股本不隨便盲目擴充的績優電子股。

我一位好友在一九九八年華通除權前二八〇元先進場買一部分，之後股價每隔往下調整二十元，就攤平一次，當買到二二八元時，他已經買四次，平均成本約二五〇元，除權四元股票股利後，成本降爲一七八元。

華通除權前先跌到二一〇元，然後快速拉升到三〇一元，除權前一日以二九〇元除權四元股票股利，除權後參考價二〇七元。

一九九八年七月中旬指數由八一〇〇點高峯反轉下跌，到一九九八年九月一日六二一九點，華通除權後雖曾經上漲到二三九元，之後緩步下跌到一八〇元，指數下跌近二千點。我那位好朋友持有華通到現在，仍處於獲利狀態，而且他還抱定要長期投資到公元二〇〇一年，他相信經由明年及後年除權，若每年配發三元股票股利（按華通股本一九

台灣股市加權指數月線

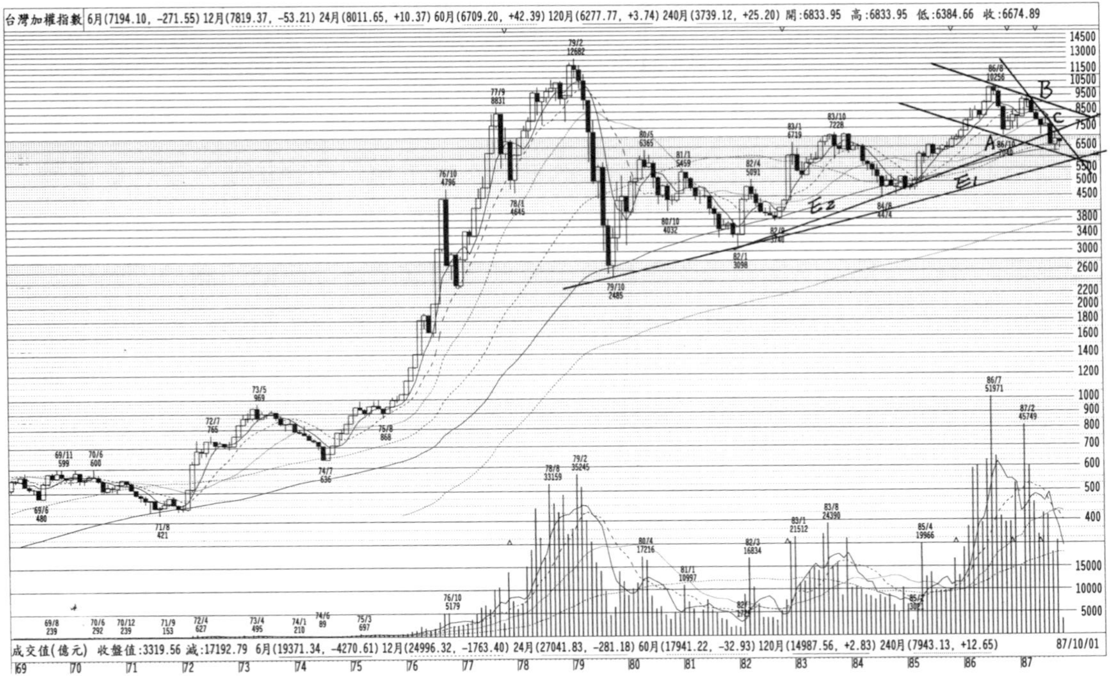

圖9-1

九八年底四十三億元，仍屬於中小型股），到公元二〇〇一年元月，他的成本可以降到一百至一百零五元。

他相信電腦業對公元二〇〇〇年千禧蟲一定有解決的辦法，即使有影響，也是屬於企業及政府機關使用的電腦，個人電腦根本不會受到影響。

但是，經過公元二〇〇〇年千禧蟲事件後，他相信囤積許久的電腦買氣，會在公元二〇〇一年全部引爆出來，屆時具有競爭優勢的電腦業者會有一波相當幾近暴利的黃金時期。

華通是屬於印刷電路板（PCB）專用業者，技術層次最高，且除了英特爾SECC卡基板是唯一有能力大量供貨的業者，營業利益率起碼有三成以上，且積極爭取美國三大汽車廠福特、克萊斯勒、通用等汽車用PCB的Q9000驗證，一旦在一九九八年底認證通過，龐大的商機足以讓華通一九九九年至二〇〇〇年業績不會受電腦業千禧蟲的影響，甚至會有很大成長空間，二〇〇一年華通配合電腦業買氣，業績會有另一波高潮。

他相信持有華通三年，到公元二〇〇一年參加當年除權，成本可降到七十五至八十元，如果華通二〇〇一年股價仍在二百元以上，他的獲利起碼有二・五至三倍。

三年投資華通，獲利二・五至三倍是相當令人羨慕的。

我前述曾提及純粹炒籌碼、投機瘋狂炒作，到最後終歸幻滅，而投機股反轉都是以壓低出貨反轉崩盤模式，股價先看腰斬。

即使以這次第四波修正由六二一九算起，塑膠原料股藉由消息面原料漲價利多（非因景氣復甦，需求增加），所拉升的行情，主要還是藉助軋空的力量上漲。這種空頭過度囂張，可提供介入的業內及市場主力從容出貨的機

華通股價月線

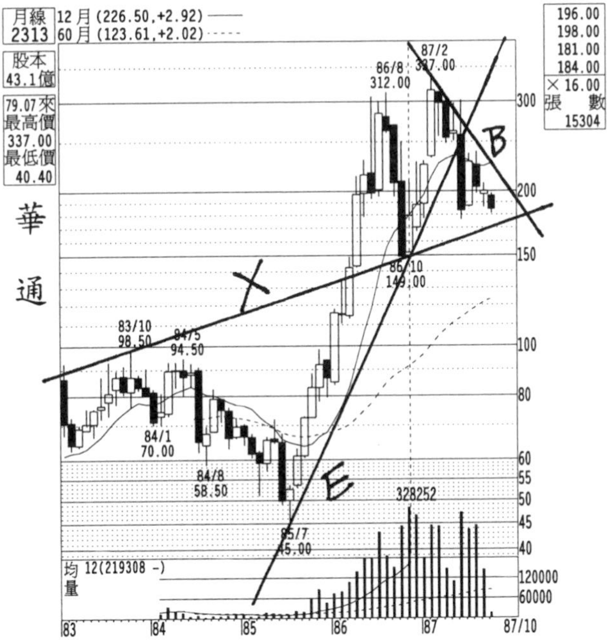

圖9-2

會，所以它的反轉模式必然是建立擴散型大頭部，利用時間換取空間，讓空頭認輸，先殺空頭再殺多。

台灣放空有太多限制，融券保證金高達九成，且一九九八年九月一日起又規定平盤下不能放空，將使得空頭更難施展。

台灣股市進入個股化時代，散戶要在股市生存一定要先克服貪念。

一九九八年七月初台鳳在二五〇元上面價位時，當時有媒體就吹噓要再搞到五百元，要當台灣股市股王。我印象中最深刻的二次，在號子裏親眼見到當台鳳由二五七元崩盤下來第一天跌停二三六元，尾盤用大量打開跌停，有位散戶性急到用市價融資買進十張，價位二三九元，當收盤又貫壓到跌停作收時，我已經知道不妙，收盤後我告訴他明天開盤前不計價停損賣出，他不置可否的看了我一下。

次日，台鳳開盤就跌停鎖到終場，當日成交量仍有一萬一千張，如果開盤前掛出，還有機會賣掉，接下來就是無量崩盤，想賣也賣不掉。

三天後，那位散戶來找我，問我怎麼辦?我仍然祇有那句話，就算賣不掉，也要在開盤前掛出，試試手氣，他反而對我說：「有份媒體說一八〇元會打開跌停，甚至一五〇元現金增資溢價會打開。」我祇說了一句：「好嘛，你要嘛就相信媒體。」

不錯，台鳳在一八〇元及一五〇元皆曾出過大量，但仍然是開盤後跌停鎖到終場，這祇是主力利用媒體記者，壓低出貨，讓性喜搶反彈，期望一天能賺十四%（跌停到漲停）的投機散戶，成爲下跌中途的替死鬼，如果連跌停打開的日子散戶都知道，主力還用混嗎？

台鳳直到一二九・五元才打開跌停，那位用二三九元融資買進十張的散戶，自備款五成，約一百二十萬元，因繳不出保證金，當日開盤前就被號子送上斷頭台，賣在一二九・五元，祇拿回來八萬元現金。

當台鳳一二九・五元打開跌停當日，急速拉抬到漲停板，有位散戶認爲股價已經腰斬，認爲搶反彈風險有限，跌停時不買，等急拉，拉上平盤後，受不了用市價融資買進二十張，結果報回來的成交價是一四五元，自備款五成，約一百四十五萬元。

他買到的時候，問我怎麼看台鳳，我說：「股價無量崩盤到第一次腰斬才打開，浮額尚未洗清，四處游動的孤魂野鬼，很快就會把股價打下去，何況距一六〇元大壓力太近，上檔根本沒有空間，你怎麼知道會沒有二腰斬呢？」

我這樣坦白告訴他，他當然不高興。

結果，不幸言中，次日又開始無量崩盤，直到九〇元才打開跌停，這位仁兄用一四五元融資買進二十張，也是被號子送上斷頭台，殺在九〇元，找回來現金約三十五萬元，元氣大傷，嚇得他直打哆嗦，直喊下次不敢再搶投機反彈了。

實際上，台鳳九〇元打開跌停後曾急拉到一二〇元附近，然後再殺到七八元才止跌。散戶急於搶反彈，除了顯示本身的貪念外，技術分析能力不足也是主要原因。

台鳳由一九九七年十月六六元起漲，無視大盤漲跌，股價呈現緩步趨堅，歷經一九九七年十二月份現金增資，每股溢價七〇元，及一九九八年六月九日除權四・五元股票股利，到一九九八年七月初二五七元，相當於一九九七年十月的四三七元，股價漲幅五・六二倍。

台鳳漲的時候無視於大盤下跌。同樣的道理，台鳳在無量崩盤時候，也無視於大盤正在反彈。散戶如果玩錯邊，足以讓你傾家蕩產。

所以，台灣股市進入個股化時代來臨，研究個股比研究大盤還要重要。

就算你看對了大盤，做多選錯股票，或者放空放錯股票被軋，你也是輸家。

當然，投資的策略一定要選擇有前景的公司，長期投資才會賺大錢。

散戶是不是具有長期投資的實行力，除了勤作功課外，最重要的是少去號子看盤。

你如果常去號子看盤，就不可能做長線，充其量祇是短線的投機客，長年累積下來，能賺點小錢就已經不錯了。有些人則是「賠了夫人，又折兵」，到最後連身體都搞壞了。

10

做一名專業投資人的必備條件

理財致富或者改善生活品質，

是每個人亟欲追求的目標。

成功的專業投資人是讓財富逐年穩步成長，

而不是從事風險性的投資。

否則，碰上一次「地雷股」，人生將再由「零」開始。

台灣股市由一九八五年六月六三六點漲到一九九〇年二月一二六八二點，這一段大投機行情，完全是因爲股市剛處在青少年期，人多錢多股票少所形成的資金行情。

當時的股市是主力呼風喚雨的時代，散戶以攀結主力爲榮，主力的身旁還依交情，資金分內圍、外圍。

一九八五到一九九〇年股市是技術分析主導的時代，祇要研究技術分析幾個重要指標，如(a)K線的買進與賣出訊號；(b)KD、Macd、RSI、心理線、乖離率、威廉指標等；(c)圖形要搞得淸楚有W底、M頭、頭肩底、楔形、上升三角形、下降三角形、V形反轉、缺口，缺口又分突破缺口、逃逸缺口、竭盡缺口，及島狀反轉、菱型、擴張型、矩型、扇形、圓形底、圓形頂。(d)波浪理論，是當時最威風的理論，因爲眞正懂得投資人不多，而每個人對第幾波、第幾浪的認定又不一樣，形成專家各拿一把號，各吹各的調，誰也不犯誰。

一九八五至一九九〇年，台灣股市不需要去研究上市公司的基本面，介紹個股是從籌碼面著手，股本愈小愈好。

我記得當時一位證券公司研究員向他的客戶介紹台塑如何如何好，結果被他的客戶調侃一頓：「張先生，你每次都幫我介紹這種大牛股，以後能不能找小一點的。」

當時股市在一九八五至一九八八年的主流是金融股，有它存在的背景因素：

⑴房地產剛由一九八六年初谷底翻升，房價一日三個價，建商今天掛的價，明天馬上漲個幾千或上萬，再重新掛牌上去。

⑵一九八六年時三商銀股本祇有三十億元，轉投資事業及雄厚資產才剛剛被公開，加上民代的介入炒作。

⑶日本股市泡沫經濟正在盛行，且盛行所謂的Q比率。Q比率就是重置成本觀念，即要設立一家工廠，依當時的地價就要花多錢，故當時有雄厚資產的公司就被叫做「資產股」。

一九八八年底金融股炒完了，一九八九年一整年炒作的是股本愈小愈好、不問業績、本質的投機爛股，那是最瘋狂炒作的一年。十年後的一九九八年，所有投機爛股股價，有絕大部分還不到當時天價的十分之一。

事實上，那時證管會也沒有硬性規定上市公司每個月十日要公佈營收，每年四月三十日要公佈上一年度財報及今年第一季財報，八月三十一日要公佈半年報，十月三十日要公佈第三季財報等，這都是因股市慢慢健全了，才改爲強制規定。

一九八五年至一九九〇年台灣股市猶如一段青少年的狂歡歲月，當時投資人九十%

以上都是作多的，講空的分析師是要被罵的。

一九九〇年二月股市由一二六八二崩盤跌到二四八五點。一九九三年十家新投信成立及開放外資，股市才慢慢進入法人時代，不過股市投機氣息仍存在，市場主力集合金主資金仍然可以縱橫股市，是法人與主力並存的時代。

一九九二年八月厚生炒高至三七〇元崩盤，及一九九四年十月華國炒高至四〇二元崩盤，這兩次事件不僅造成衆大違約交割，也讓介入的金主及散戶受傷慘重，投資人對主力的形象幻滅，介入主力股多少會心生畏懼，也傾向於短線操作。

實際上，投信法人即封閉型基金，集衆人資金，又不需要負擔賠償責任，祇有在績效評比上，大家會互爭排名。由於彼此間競爭的壓力，才會有一九九四年塑化股行情大好時，幾家投信聯手炒作台苯情事。當時SM大好，台苯由一九九四年三月初三〇元起漲，SM每個月調漲，但股價跑得更快，當一九九四年八月SM每噸才八百美元時，台苯已經跑到一二九元，結果續漲到一九九五年二月每噸一千四百美元，台苯卻不見再創新高，最多祇見到一二三元，之後台苯在八五至一二九元整整做半年大頭，直到SM反轉，台苯一路長空至一九九八年九月的十七元。

一九九五年後封閉型基金一支支被改爲開放型基金，投信公司才眞正體會到績效，如何爲投資人謀取最大的利益，基本面掛帥時代才眞正來臨。

一九九六年八月底六〇〇〇點至一九九七年八月一〇二五六點，這一大段由電子股及其他高獲利中概股如寶成、豐泰、飛瑞、利奇等所主導，十足反映股市將走向基本面時代。

一九九七年七月至八月電子股全面瘋狂上漲，主因爲台灣投資人太急功好利，完全無視電子股並不是每家都是好公司，當時祇要掛牌電子股，身價就高人一截，也讓許多業績不佳的電子公司大股東能夠混水摸魚，藉著「電子」二字在股市淘金，爲所欲爲。

一九九六年七月至一九九七年八月這一段時間，雖然有些主力股想要拉高股價，但拉高之後，反轉下來都極快速回到起漲區，之後起碼有半年以上時間在低檔盤旋。這些主力股如一九九六年七月億豐五七元、三富二七元，是主力股在股市逐漸失去號召的警訊。

一九九七年十一月昱成炒高至二二三元，主要還是藉助軋空力道，這是少數的個案。但事隔不到一年，昱成卻已經跌到二六．五元，由高檔算下來跌幅高到八八％。

一九九八年有一個值得注意的訊號，即任何打著處理閒置資產或者已經處理閒置資產，每股賺了多少錢，或者獲利主要靠短期金融操作而非來自本業，上述這二種公司股

價都沒有上漲，甚至拉高之後貫壓下來，都走直接崩盤回到起漲區。

一九九八年第一支重挫的主力股爲正道。正道由二月十九日九九元，三周內直接跌到五四元，跌幅四五％。這是市場已經把主力股列爲拒絕往來戶的開始，還有衆多主力套牢其中，不知道市場結構已經完全改變了。

所以，接著在正道之後崩盤的主力股有津津、合發、桂宏、中化、國化、中纖、台光、三晃、台鳳。

做一個專業投資人，面對這麼多的媒體、電視、雜誌，如何去判斷哪些資訊是正確的呢？哪些是與上市公司結合故意用來誤導投資大衆，又如何去吸收有用的資訊呢？

「工欲善其事，必先利其器。」以我爲例，在一九八五至九五年間，我仍然是以技術分析爲主，對上市公司的基本面並不是很重視。

但是，一九九六年初我發現自己若要繼續在股市生存下去，就必需去瞭解現在的科技即電子股。

我曾經花了二個月時間，每天浸在證基會的圖書館把每家上市電子公司的公開說明書、近三年財務報表，以及剪報資料仔細的去閱讀。

那是段辛苦的日子，由完全陌生到瞭解上、中、下游電子產品，以及哪家公司的技術層次，產能有多少？正進行擴產的產能有多少？新產能何時完工？公司過去執行營收及盈餘達成率的可靠性有多少？公司是否有新產品研發設計？負責人是否專注於本業或大陸投資現況等。

兩個月下來，我足足記了兩大本記事本。之後，我仍然會在每星期安排一天下午到證基會圖書館看剪報資料，翻閱各投信投顧及券商出版的月刊上有關上市公司的分析專文。

當我認爲大體上對電子公司上、中、下游有基本認識之後，我才開始進行剪貼報紙的工作：

(1)首先除了電子股之外，對其他行業我祇篩選有遠景的中小型績優股，至於我一直不看好的水泥、營建、鋼鐵、食品、化纖、塑膠、紙業、航運、資產則全部排除掉。

我祇看整體產業的報導，大致上《工商》及《經濟》每周都有一篇專文，剪貼一篇，大體瞭解產業動態就足夠了。

我認定的非電子股可做長期觀察的有年興、飛瑞、力山、利奇、永光、永信、長興、正新、建大、中華、裕隆、寶成、豐泰、巨大、六福。

(2)鎖定目標之後，每個月十日上市公司公告上月營收，我一定從專業媒體（如《財訊快報》找一張近一年來上市公司各月營收統計表。我會把那張大表貼在書房牆壁上，要找的時候，仰頭一看就有了。

(3)每天《經濟日報》、《工商時報》會有許多產業消息，現在記者登新聞稿都要署名，因此，你祇要「持之以恆」，不要間斷，一段時間過後，自然會判斷出誰是認眞在跑新聞，對他的文章就會有信心。反之，你也會判斷出那些記者的消息是道聽塗說來的。

通常著名投信或投顧的研究報告及預估上市公司盈餘都會在報上發表，無妨剪貼下來，留做事後的驗證。

(4)我每天要看完十幾份報紙，由早報、晚報到專業性報紙，把有用的資訊剪貼下來，並且押註日期，臨睡之前再看一遍。

(5)現在是理財資訊時代，幾乎每隔一段時間就會有新書，祇要是國外著名研究機構出的書，或者一些投資大師的書必買，一定要多看，人家能成功，一定有他過人的地方，可供未來操作上的學習。

(6)任何事物都有一體二面，像最近大家都在關注人民幣是否會貶值，在事實未確認之前，你就要去設定若人民幣貶值對那些公司是利多，反之，被衝擊的公司又是那些呢？

當你具備了上述六大條件之後，就足以勝任做一個專業投資人。

在股市青少年至壯年期，每天上下震盪幅度甚大，投機氣氛甚濃。

但是，當股市進入完全成熟化及老年化之後，股市波動縮小了，短線操作困難度升高，由短線操作轉爲中長線投資心態的調整，是逼迫你必須去適應老年化市場的趨勢，而長期投資下的選股相當重要：

(1)精緻化選股。當鎖定電子股及特定非電子股標的後，把個股基本面、未來展望、技術面，主要是以ＥＰＳ來衡量目前股價的合理與否，而不是線型，再從中選出精英三至五支。這少數精英是讓你確定可以長期投資的目標。

(2)投資大師巴菲特曾經說過一句令人感動的名言：「投資過程中最美好的事，就是買了一檔你從來不會想賣的股票。」當然對你、我而言，操作的境界還無法達到如此出神入化的地步。

但是，當你的精緻選股確定之後，也決定了個股、長線目標價，這個價位是由基本面及未來展望，並配合ＥＰＳ、本益比評估而來，長線投資自然心安理得。

(3)要有承認錯誤的勇氣，並適時認賠換股。

即使，你已經用精緻化的選股，難免也會有令你失望的時候。

當你發現手上持股，有某家公司短期內無法表現出你的預期時，而在你設定的標的中，有比這支股票更好時，你就必須儘快去捨棄這支股票，再由設定的標的中找出替代股票。

通常，在設定標的之後，從中找出三至五支做爲精緻選股投資，其他未選上的標的股，你也要按基本面及未來展望分成A、B、C三個等級，而不是在你精緻選股之後，就放棄他們。

(4)當你認定這家公司前景因突來的因素，如受國際金融劇變的影響，致基本面出現變化而轉趨不利時，也是你跟這支股票說再見的時候。

在確定長期投資的選股原則之後，接下來你要強迫自己，學習法人的操作方式。法人的選股，或許與你認定的標的有所不同，你也不見得去認同他的選股，這是很正常的心態。但是，法人的操作方式，以看長期的心態、中短線的操盤，是值得學習的：

(1)當法人確定某支股票具有長期投資潛力時，就會去鎖定它，即台灣投資人所稱的認養。

在操作的過程，短線除非有二〇%的利潤，或者遇線型大壓力時，才會做調整，當股價拉回到支撐區時，或者差價已有七%至一〇%時，法人就會再買回。

(2)試著像法人機構一樣，在每個月月底到下個月十日之前，針對你鎖定的標的股及精緻股，先自行預估本月份的營收是否較市場預期爲佳，以及較上月或去年同期是否有明顯的成長。

(3)假設你的標的股預估一年內上漲一倍，但卻提早了半年，在半年內就已經上漲一倍，我的建議是不要猶豫賣掉它，再從你的標的股中挑選出另一支做爲精緻選股。具體說明，法人既然選定是好的股票，就不會心存猶豫，買的時候就已經設定目標價位和持有期限，目標達到時，二話不說，見好就收。

做個專業投資人，分辨一個趨勢的形成或者是流行的熱潮，是創造財富的潛在能力。

在成熟化的市場，投資之前要先瞭解自己的投資信心，有下列幾項主要重點：

(1)了解你投資的理由。在作投資時，永遠記得你投資的理由，祇要你的理由不再成爲投資的原因，即刻退出市場。

(2)了解你的風險。投資有賺有賠，在投資前要先了解你的風險承受度。

(3)了解你的時間架構。買賣都有原因，但是要知道價格上下波動是對自己買賣決策的最大挑戰。

因此，嘗試建立一個投資期間將有助於在波動中堅定你的理論基礎。

(4)了解你自己。這可能是最難的一部分。

你是不是眞的想在股票市場獲勝？你能承受多少風險？你會設立停損點出場嗎？當你爲一支標的物投資時，是否急於馬上獲利了結？在投資獲利前，首先必須知道你是誰。

記住，你投資的原因，決定了你可投資時間的長短，而你投資的資金規模又取決於你的風險承受度。

股票市場持續的波動，是受到投資人害怕又貪婪的情緒所影響。投資人既想在市場賺錢又怕跌時大賠。

有時，你有沒有注意到賠錢是受自己的情緒所影響。所以，建立投資信心，是達成長期投資哲學的必須之路。

當你具有投資信心時，任何專家給予的建議，你就不會一成不變的接受，至少你已經具有判斷力，專家所給的建議，你衹會列入參考。

有時，你會故意忽略專家給予的建議，但也許是誤打誤撞，最重要的是你對手上持股基本面的認知以及自己的投資信心，在一段時間過後，被忽略的股票往往是獲利最多的股票。

我們必須瞭解在科技的進步及醫療的完善下，人類的平均壽命不斷延長，光靠儲蓄已經不足以防老。

以美國為例，六十五歲以上的美國人約有四三%進入安養院或需要在家看護，平均每年需要高達四萬美元的看護費，常常會很快耗盡他們的退休儲蓄。美國政府為老人規劃的健保祇是短期居家看護，而不是長期看護。這種情況下，造成長期看護的保險銷路每年以二五%速度逐年成長。

所以，理財投資不見得是要把所有資金放在股票市場，買保險也是一種理財投資。但是，一般的保險公司會以提醒薪水階級可能在旦夕之間突然失去工作，或者可能急需大筆醫療費用的潛在誘因來達到促銷保單。

實際上，投資人應該考慮的重點是現有資產是否已經得到足夠的保障，如何計算收入來達到需求，是否需要這個保險，而不是把思考重點放在消極面。

同樣的道理，全世界的共同基金五花八門，你要如何去找績效好的基金來謀取最大的利益呢！投資基金（不分國內外）有三項原則是必備的：

(1)注意該基金在過去五至十年間的報酬率，以及和其他同類基金的比較。記住，不要祇分析報酬率的高低，持續表現優異的基金比績效大起大落的基金要來得好。

(2)留意基金管理人的經驗和他的操作風格所帶來的風險。盡量選擇和自己的風險承受度和投資目的相近的基金管理人。

(3)最重要的一點，即購買基金時都有一些費用，投資人應該審視這些費用與其他同類型基金的比較。因爲，管理費與銷售費用是由你所投資的錢扣除掉，有多少是眞正用來幫你賺錢的，你都必須先搞清楚。

台灣股市投資人要追求的是穩健獲利而非暴利，就必須認淸下列三點要件是必備的：其一，不要輕易聽信明牌；其二，對小型股千萬不要放空；其三，要懂得資金的控管，現股與融資起碼要有六與四之比。第二點對散戶尤其特別重要。

台灣股市由一九九七年八月二十七日一〇二五六點反轉進入空頭市場以來，當股市巨幅重挫之後，往往會促使政府做多心切，政策性的做多，說穿了就是給予市場一段法律假期，跟中共紅衛兵的精神「造反有理，炒作無罪」，有異曲同工之妙，所以就會出現許多邪魔歪道的股票，藉由散戶無知的放空，導演出一連串軋空上漲，到最後必然上演到放空者傾家蕩產的悲劇，軋完空後才反轉殺多。

譬如，一九九七年十到十一月昱成由六十元附近軋空到二二三元。我認識的一位分析師在八十至九十元放空四百張，到最後股價軋空到一五〇元之上，演出標券行情，被迫斷頭，強制回補，短短不到一個月就損失三千多萬，當然昱成軋完空後反轉殺多，到一九九八年九月上旬跌到二三元附近，剛好跌掉二百元，跌幅九成。

當然，前面提過，台鳳由二五七元反轉下來首日，我就見過散戶因貪念進場搶反彈，以二三九元買進，當日巨量跌停做收後，次日就開始無量崩盤，到正式打開日一二九元當天已被號子強迫斷頭，找回來的祇剩下零頭。

最近的一例則是一九九八年九月一日大盤由六二一九反彈上來，強勢的軋空股票精英。一九九八年上半年精英每股稅前EPS虧損五．一五元，稅後EPS虧損三．六八元，每股淨值祇剩十．〇五元，公積盈餘祇剩七百五十四萬元，負債則高達五十一億元，自有資本比率則祇有二三．二%，下半年預估還有可能再出現虧損。一九九八年八月二十八日精英股價跌到十四．四元，在十四．四至十六元做六天打底，然後逐步緩升。以上述精英條件，當然會吸引許多無知散戶投資人去放空。

精英股本祇有十五億左右，短短一星期居然會出現融券張數二萬三千張，比融資二萬零八百張還要多的情況。這次標券，促使精英股價由二二元起無量狂飆，到九月二十一日連續跳空七支漲停板，九月二十一日收盤價三四．三元，距底部價十四．四元，漲幅一三八%。

我在號子就見過十八元放空精英的歐巴桑，祇放空二十張，股價連續無量跳空到第七支漲停板，居然在三四．三元已經被迫斷頭回補，還無法補到。

當然，精英最後的下場，不用去想跟昱成、台鳳一樣，都是重覆上演軋死空頭，再演出殺多慘劇戲碼。

投資人要記住股票沒有所謂的「合理」，祇有「超漲」與「超跌」之分，但更要記住，爲了在股市長期生存下去，當股市的長青樹，對小型股應「視而不見」才是上策，因爲這種軋空來的錢是踐踏在別人的屍體賺來的，拿來花用也不會安心。

後記

一九九七年十一月底台灣縣市長選舉，民進黨大獲全勝，國民黨除了拿下金、馬、澎三個外島外，台灣本島則祇有嘉義縣、雲林縣、彰化縣，外加東部的台東、花蓮，共八個。無黨籍則拿下嘉義市、南投縣、苗栗縣。其餘十一縣市全爲民進黨所獲勝。

選舉結果揭曉後，台灣股市週一開市日重挫了三〇〇多點，次日起連續七個交易日上漲，指數由七三七五點大漲到八五三二點，上漲一一七八點，這等於宣告未來除了兩岸兵戎相見外，台灣島上任何的政治選舉，包括一九九八年十二月上旬立委及北、高兩市長，甚至二〇〇〇年總統大選，不管是由哪一黨獲勝，對股市都不會有影響。

我個人的看法，公元二〇〇〇年台灣總統大選，新一代政治領袖必須要具備下列條件：

(1)具有國際折衝能力，能在兩岸政治談判中大膽說「不」，並且爲台灣爭取到有利的國際地位。

(2)台灣正在轉型爲科技島，如何保持與對岸有十年以上的領先優勢，這是台灣最重要的資源，也是台灣未來最大的經濟來源。

(3)讓台灣社會更具有人文的關懷，注重環保，也重視人的生命價值。每個人的生命不分貧富都是一樣的，這才是消除特權心態最有效的方法。

經濟上，自一九九七年下半年東南亞金融風暴後，東南亞各國除幣值劇貶外，經濟也呈現大幅衰退。台灣是島國，傳統產業面臨東南亞低價產品及韓貨傾銷，出口呈現大幅衰退，而電子業又受制於低價電腦效應，除了少數領導廠商仍然擁有高獲利外，大部分皆較去年同期大幅衰退，新台幣兌美元在六月底曾出現三五・一元兌一美元最高價。一九九八年八月全球第二波金融危機由東歐俄羅斯貨幣劇貶所引起，並且引爆拉丁美洲巴西、委內瑞拉、哥倫比亞的金融危機，幣值皆大貶。

由於拉丁美洲是美國後院，且美國各大銀行是拉丁美洲主要債權人，美國銀行股普遍先腰斬，因而引起美國經濟衰退的憂慮，Fed 遂在一九九八年九月底宣佈調低利率一碼，並且預留下次再調低空間。

不過，美國長期資本管理公司LTCM，卻在九月份爆發出三十八億美元巨額虧損，主要是來自俄羅斯債券市場虧損。連量子基金在俄羅斯股市也虧損二十億美元，還有爲數衆多的共同基金也在俄羅斯市場虧損累累。

第二波金融危機出現後，美元轉趨弱勢，且LTCM、量子基金爲了在短期內彌補俄羅斯虧損的金額，採取放空美元，以致日圓於一九九八年十月初起由一三五日圓兌一美元急速升值到十月八日盤中最高的一一二日圓兌一美元，距一九九八年上半年最高價一四七日圓兌一美元，已經升值二四％。

我國央行也趁國際美元弱勢及日圓強勁升值，順勢引導新台幣升值，並且逼迫外幣存款戶二百億美元解約，使新台幣由三四．五元兌一美元，在不到一星期內急升到十月八日的三二．九元兌一美元。

台灣股市在一九九八年九月一日出現六二一九最低點時，大部分傳統產業財團股皆創下十年來新低價，並且發生萬有紙業、國融電子、聯蓬食品、瑞聯集團跳票事件，而房地產的低迷，更加深金融業呆帳壓力。

但是，股市卻在出現六二一九點後，在塑膠原料漲價利多（非因景氣復甦，市場需求增加）及票券股（利率走低）利多，並且配合央行引導新台幣升值，逼迫外幣存款戶解約的策略下塑造了資金行情，說穿了，這是讓傳統產業股財團大股東趁機拉高股價套現，而政府配合財團所塑造的資金行情。最後的下場就是拿散戶當墊背、替死鬼，這種資金行情來得急，去的也快，一旦套在最高檔，人氣一退潮，起碼一年以內無法解套。

日本一九九八年上半年在日圓劇貶情況下，留易順差較去年同期大幅成長五十%以上，好不容易改善的出口產業，十月份在日圓急速升值下又要轉爲艱苦行業，而其國內金融再生法案在朝野角力下遲遲無法獲得通過，儘管協調後的新版本已經較原來版本更動甚多。日本內需不振，若再加上出口受衝擊，對日本經濟更是雪上加霜，其復甦時間會拖得更長。

同樣的，在台灣總體經濟未正式好轉之前，新台幣過度升值，對台灣終究是不利的，新台幣合理價位應維持在三三至三二．五元兌一美元。

最嚴重的是弱勢美元並不符合目前美國經濟現況。弱勢美元一旦引起各國金主相繼撤出美國金融市場回到各國，勢必加深美國經濟的衰退。

美國股市一旦跌破七五〇〇點重要支撐，在七五〇〇至八〇〇〇點大M頭壓力下，當日跌幅恐怕會超過五〇〇點，如此七〇〇〇點大關不僅不保，甚至有測試六〇〇〇點大關可能性。

美股一旦崩盤，影響是全球性的。美國經濟若大幅衰退，代表消費能力大幅萎縮，

對進口的需求大幅減少，嚴重受影響的將會是對美國有巨額貿易順差的中國大陸，對其殺傷力會最大。

因此，已經有人預言第三波金融危機將會是人民幣貶值所造成的，並且順勢摧毀港元兌美元聯繫匯率，港幣將會劇貶，幅度起碼是二十五至三十％。

一九九八年十月份日圓急速升值，如果沒有引起美國股市暴跌，則人民幣起碼在一九九八年底之前是有能力守住匯價，不需要貶值的。

我們由表（一一—一）中可以發現，一九九八年六月底中共外匯存底一千四百零五億美元，連同香港五月底約九百六十四億美元，至一九九八年十月份香港應降爲八百五十億美元左右，兩者合計約二千二百五十億美元，而中共外債約二千億美元左

亞洲主要國家
1998年5月～7月底
外滙存底

國　　別	外滙存底(億美元)
日　　本	2,075(七月底)
中　　共	1,405(六月底)
香　　港	964(五月底)
台　　灣	833(六月底)
新 加 坡	721(五月底)
南　　韓	430(七月底)
泰　　國	268(七月底)
馬來西亞	203(七月底)
印　　尼	195(七月底)
菲 律 賓	106(六月底)

資料來源：各國央行報告

表11-1

右，可以顯示中共經濟實力已經不再是負債國，未來在二十一世紀有可能成爲亞洲經濟強權。

如果以中共一九九八年六月底外匯存底一千四百零五億美元來看，較一九九七年底一千四百億美元並沒有任何增加，而中共一九九八年上半年對外貿易順差約二百三十億美元左右，代表一九九八年上半年除了軍事武器採購、內需基礎建設機構採購之外，有很大一部分大陸國企、外資企業把收到貨款暫存放在第三地，而沒有進入大陸市場兌換人民幣，主要是大家都有預期人民幣看貶的心理。

此外，人民幣的過度強勢，已經讓中共八月份出口總值衰退二·六%，而十月份日圓急速升值，應該可以讓中共暫時喘口氣。

但是，明年人民幣若是繼續堅持不貶值，所承受壓力將會更大。若要貶值，時機的選擇也要恰到好處，才不會對其他東南亞國家造成貨幣貶值競賽。

最令人擔心的是若因美國股市大跌造成經濟衰退，進口大幅減少，以至於引起第三波金融危機，導致人民幣不得不貶值時，恐怕會將大陸內部金融業過高、逾期放款及巨額壞帳一併引爆出來。屆時人民幣恐怕不會是小貶，而將會是大貶，所造成的殺傷力將會是強大的。而台灣傳統產業塑膠、化纖、鋼鐵必然在轉口貿易更形惡化，國際市場更

不是大陸貨的對手，所受的傷害，將會是最大的。

前述曾提及二十一世紀中共將成爲亞洲經濟強權，取代日本的地位。有一項値得注意的訊息是以一九九八年爲準，中國大陸儲蓄率高達四〇%，在亞洲國家僅次於新加坡的五〇%，高於南韓三五%，台灣則祇有二六%。

國民儲蓄率是一個國家穩定國內金融及經濟發展的主要力量。所以，全球金融危機第三波若是由人民幣貶値所引爆，相信在大陸國民儲蓄率之高的情況下，危機亦會很快度過。

大陸經濟實力愈來愈強大，實際上就區域而言，仍不是全面性的，而是以東南沿海延伸到上海這一帶爲主，北方則以天津、北京爲中心，而東北方面則是以靠海的大連、青島、瀋陽爲中心，構成中國大陸現有及未來十年內的經濟發展重心。

中國大陸東南沿岸是自一九七八年改革開放以來最優先開發的地區，不但鄰近香港，且受文化大革命破壞最小，老百姓受共產主義思想影響也不像內陸地區那麼嚴重。自古以來，東南沿海即是古代中原朝廷的邊陲地帶，是朝中官員被貶謫的去處及歷經中國朝廷數千年來改朝換代、移民大遷移之地。

基本上,台灣人民（按指閩南與客家人）的祖先與東南沿海居民,具有血源的共通性。

台灣若能擴大東南沿海的投資，則可改善東南沿海居民的生活條件。祇要這一帶居民的生活改善了，就會像三十年前的台灣一樣，老百姓就會要求政治上更多的參與，並要求更多的參政機會，也就是對台灣最大的安全保障。

我相信在未來一至二年，台灣股市必然會掀起一股東南沿海東莞概念股的炒作風氣（按：東莞是台商生產重鎭）。這是大勢所趨，相信我的預言也必然會實現。

全球第三波金融危機若是由人民幣貶值所引爆，台灣的出口必將會進一步惡化，新台幣恐怕也會順勢跟著貶值。

IMF預估台灣一九九九年經濟成長率祇有三・九％，較一九九八年的五・三％減少約二六％。如果一九九九年人民幣貶值引爆全球第三波金融危機，這麼低的經濟成長率是有可能出現的。

蕭內閣雖然急欲以擴大公共工程來刺激內需，但全台灣有上百萬空屋數量，已經逼使眷村改建政策改弦更張，改以購買可使用空屋來充做國宅。

至於較大公共工程如高速鐵路與機場捷運，以台灣有限的消費人口，交通運輸又已經極爲便利、迅速，這些公共工程未來前景並不看好。

我以高鐵的未來提出心中疑問如下：

⑴日本高鐵完工後正式經營，居然連續虧損八年，最後由政府接手經營。台灣高鐵用低價去搶標，我們擔心能否如期完工，恐怕都是一大問題。

⑵現任台鐵局長在接受訪問時表示，他都不看好台灣高鐵發展。他認爲台灣就這麼一點大，已經有高速公路、飛機、台鐵，就算再加高鐵，人也不會增加，光靠車票一定會虧損，不可能會賺錢。

⑶台灣高鐵場站距市中心有相當長的距離，屆時誰會花功夫去坐高鐵呢？

⑷場站開發利益，台灣高鐵比中華高鐵預估多十倍，太過樂觀吧！台鐵高鐵以政府不需負擔任何財源，由台灣高鐵負擔所有經費而得標。

中華開發董事長劉泰英預言高鐵若垮掉，台灣將掀起金融風暴。他的觀點，台灣高鐵向銀行借的二千八百億元，在高鐵開始營運時根本就沒有還本的能力，最後利滾利，會滾到四千億元以上，那麼一年就要有三百多億元利息，一天就要一億元，所以認爲他們的財務計畫風險相當高。

台灣祇有二、三十家銀行，以二千八百億元計算，平均每一家銀行要借給台灣高鐵九十億元，現在很多新銀行的資本額祇有一百億元，萬一高鐵垮掉了，銀行也跟著垮，將會掀起一場金融風暴，而這場金融風暴足以把台灣經濟搞垮，這可不是開玩笑的。

所以，投資人要記住參與台灣高鐵的五大財團及融資予台灣高鐵的金融機構，在未來幾年內要列爲拒絕往來戶，不宜投資。

台灣是島國，是以外銷爲導向的國家，內需市場有限，尤其在全球金融危機相繼出現後，資金嚴重壓縮效應才剛開始，政府卻急於要以公共工程一年二千億元預算來刺激內需，問題就在於公共工程做好了，人民無消費能力時將形成公共工程的浪費。

鄰近的日本近幾年起碼換了五個首相，每個人上任都是以擴大公共工程來刺激內需，一方面日幣則強勢維持在一〇〇至一一〇日圓兌一美元，使外銷產業雪上加霜。

結果，日本人民在泡沫經濟之後，資產嚴重縮水，生活痛苦指數日益升高，根本毫無消費能力，公共工程的投資不僅回收遙遙無期，更形成浪費。

台灣千萬勿重蹈日本的覆徹，否則將使得蕭內閣黯然無光。

蕭內閣若思有所作爲，應去思考如何幫助台灣傳統產業尋求轉型之路，並且以國家資源來幫助業者轉型才是正途。這比一年二千億元公共工程預算要來得實際些，效用也會更大。

國家圖書館出版品預行編目資料

顛覆投資策略：給股市個體戶的跨世紀諍言／司馬相著. -- 初版. -- 臺北市：大塊文化，1998 [民 87]

面；　公分. -- (smile；24)

ISBN 957-8468-65-2 (平裝)

1. 證券 2. 投資

563.53　　87016723

1 1 6 台北市羅斯福路六段142巷20弄2-3號

廣 告 回 信
台灣北區郵政管理局登記證
北台字第10227號

大塊文化出版股份有限公司　收

請沿虛線撕下後對折裝訂寄回，謝謝！

地址：______市／縣______鄉／鎮／市／區________路／街______段_____巷

_____弄______號______樓

姓名：

大塊
LOCUS
文化

編號：SM024　　書名：顛覆投資策略

大塊文化 LOCUS

讀者回函卡

謝謝您購買這本書，爲了加強對您的服務，請您詳細填寫本卡各欄，寄回大塊出版（免附回郵）即可不定期收到本公司最新的出版資訊，並享受我們提供的各種優待。

姓名：________________ **身分證字號**：________________

住址：________________________________

聯絡電話：(O)________________ (H)________________

出生日期：______年_____月_____日

學歷：1.□高中及高中以下 2.□專科與大學 3.□研究所以上

職業：1.□學生 2.□資訊業 3.□工 4.□商 5.□服務業 6.□軍警公教 7.□自由業及專業 8.□其他______

從何處得知本書：1.□逛書店 2.□報紙廣告 3.□雜誌廣告 4.□新聞報導 5.□親友介紹 6.□公車廣告 7.□廣播節目8.□書訊 9.□廣告信函 10.□其他________

您購買過我們那些系列的書：

1.□Touch系列 2.□Mark系列 3.□Smile系列 4.□Catch系列
5.□PC Pink系列 6□tomorrow系列 7□sense系列

閱讀嗜好：

1.□財經 2.□企管 3.□心理 4.□勵志 5.□社會人文 6.□自然科學
7.□傳記 8.□音樂藝術 9.□文學 10.□保健 11.□漫畫 12.□其他____

對我們的建議：____________________________

____

LOCUS

LOCUS

LOCUS

LOCUS